Newton Compton Editores

Título original: *Just F*cking Do It*

Primera edición: octubre de 2024

Newton Compton Editores es un sello de Antonio Vallardi Editore S.u.r.l.
Pl. Urquinaona, 11, 3.º 1.ª izq. Barcelona, 08010 (España)
www.newtoncomptoneditores.com

Gruppo editoriale Mauri Spagnol S.p.A.
www.maurispagnol.it

ISBN: 978-84-10080-83-6
Código IBIC: VS
DL: B 8.174-2024

Composición:
Javier Sánchez Meco

Diseño de interiores:
David Pablo

Impreso en octubre de 2024 en Puntoweb s.r.l., Ariccia (Roma), en Italia.

Noor Hibbert

El arte de mandarlo todo a la mi*rda

Traducción de Alejandro Pantoja Lindemann

Newton Compton Editores
Barcelona, 2024

En primer lugar, dedico este libro a mis tres preciosas hijas: Layla-Rose, Safia-Lily y Amira-Jasmine.

Chicas, si hay algo que os deseo en la vida es que soñéis más de lo que nunca creísteis posible y que actuéis sin descanso para hacer realidad cada uno de vuestros sueños. Vosotras me disteis la vida y estoy muy agradecida de que me eligierais para ser vuestra madre. Os quiero incondicionalmente con cada célula de mi cuerpo.

También dedico este libro a mi increíble madre, que es la personificación del mantra «mandarlo todo a la mi*rda» en todos los sentidos. Gracias por tu amor y apoyo inquebrantables y por enseñarme a actuar sin descanso para conseguir todo lo que me propongo.

UNO

EL BUENO, EL FEO Y EL MALO

Esta es tu única vida, haz que sea la hostia.

Probablemente hayas cogido este libro porque hay una voz en tu interior que te susurra que estás hecho para más y porque hay una parte de ti que quiere ser más feliz. Ser jodidamente feliz. Si analizamos por qué todos hacemos las cosas que hacemos en la vida, la razón que subyace es que queremos ser y sentirnos felices. Queremos tener un trabajo que nos guste para ser felices, una pareja que nos haga felices, tener un cuerpo que nos guste para poder mirarnos al espejo y sentirnos felices y experimentar cosas que nos aporten felicidad. La felicidad nos hace sentir bien, y sentirse bien es el objetivo de casi todos los seres humanos.

La mayoría de las personas con las que hablo y que no están sintiendo el nivel de felicidad que realmente creo que todos merecemos se sienten así porque, en el fondo, saben que están destinadas a mucho más.

Creo que estamos en este planeta para hacer cosas extraordinarias, para sentirnos llenos y para tener todo lo que deseamos. Todos estamos destinados a vivir como una estrella del *rock* en nuestra propia película de Hollywood en la que somos el centro del espectáculo. Sin embargo, en algún momento entre el nacimiento y la edad adulta, a muchos de nosotros nos vendieron un sueño muy diferente. Si tu trabajo te aburre hasta la saciedad, estás sin un duro y tienes siempre más meses que dinero por delante, tienes dolencias físicas que no desaparecen, estás en una relación que te agota emocionalmente o sientes que todo es una pérdida de tiempo sin sentido, déjame decirte, amigo mío, que te has equivocado de vida, y eso tenemos que cambiarlo. Juntos.

TODO SOBRE MÍ

Así que ¿quién soy yo y por qué deberías molestarte en invertir unas horas de tu valioso tiempo conmigo? Soy una *coach* de mentalidad transformadora y mi objetivo es ayudar a la gente a transformar sus vidas personales y profesionales para que puedan llegar a ser descaradamente felices teniéndolo todo. Sí, puedes tenerlo todo. Puedes tener una vocación que te emocione, una relación que te llene, un cuerpo en el que te sientas increíble e incluso la estabilidad económica que crees que es solo para esa «otra mitad». Puedes tener tu pastel y comértelo, y mi misión es ayudar a la gente a ser más consciente, dejar de vivir la vida en piloto automático y salir ahí fuera, preparar el maldito mejor pastel y devorarlo entero, trozo a trozo.

También soy una chica normal y madre de tres seres humanos bastante increíbles que, de hecho, me impulsaron enormemente a tomar la decisión de hacer cambios en mi vida. Me encanta ponerme ropa de deporte (incluso cuando no estoy cerca de un gimnasio o no tengo intención de ir a uno ese día), soy adicta a la meditación, vegana y me encanta viajar. Estudié Psicología en la universidad y tengo un posgrado en *Coaching* Empresarial y Ejecutivo y otro en Psicología del *Coaching*. Me obsesionan el funcionamiento interno de la mente humana y el funcionamiento externo de nuestro a menudo alocado comportamiento humano.

Escribí este libro con la intención de llamar tu atención y de ofrecerte una nueva perspectiva sobre cómo la vida puede ser ilimitada y estar abierta de par en par a un sinfín de nuevas posibilidades. Quiero darte la oportunidad de transformar tu forma de pensar y hacerte comprender que, sea cual sea la situación en la que te encuentres ahora mismo, tienes a tu alcance el poder para cambiarla de forma consciente y en tus propios términos. Este libro pretende ayudarte a hacer lo que tengas que hacer para ir a por tus sueños y conseguir por fin las cosas con las que has estado soñando, las cosas que en última instancia te harán sentir..., sí..., feliz.

Por eso has comprado este libro: porque sabes que no estás exprimiendo todo tu potencial o porque te ves bien sobre el papel pero, por dentro, te sientes un fraude. Quizá estás viviendo una vida que sabes que no está hecha para ti o no te estás mostrando como el individuo que sabes que podrías ser. Sea cual sea el motivo, sabes que ahí fuera hay más y quieres aprender a conseguirlo. Quiero que este libro sea el abrazo de consuelo que has estado esperando y la metafórica patada en el culo para que puedas ir a por todas. Es hora de hacer lo que sea que tengas que hacer, de cambiar lo que sea que tengas que cambiar.

Ya sé que hay montones de libros sobre desarrollo personal, y yo misma he leído muchísimos de ellos, pero este es diferente. Mis clientes pagan mucho dinero por trabajar conmigo de forma directa y, sinceramente, sé que es algo que no es accesible para todo el mundo, así que estas páginas son tu oportunidad para que te lleve de la mano y te ayude a conseguir el éxito que deseas por el precio de un par de cafés, quitando las calorías. Este libro no es solo teoría, es práctica. Se trata de cambiar hábitos, mover el culo, crear rutinas y ahondar más allá de tu zona de confort. Pero ¿quién dijo que cambiar fuera fácil?

Si tuviéramos que poner todas las cartas sobre la mesa, ¡me he jugado el todo por el todo para conseguir los materiales de este libro! He pasado muchas muchas horas de mi vida hablando con *coaches* privados, he recorrido un número ridículo de kilómetros a través del planeta para asistir a seminarios en los que tuve que abrazar a más extraños de lo normal y he invertido en más audiolibros de autoayuda de los que mi teléfono puede soportar, pero lo hice todo en busca del tipo de cambio que voy a compartir contigo en este libro. Prometo solemnemente llevarte paso a paso a través de un viaje de autodescubrimiento y transformación personal que alterará tu mente y te ayudará a ser, hacer y tener lo que quieras. ¿He oído «amén»?

Sé que lo que te voy a enseñar impresiona bastante porque yo he estado en ese viaje; todavía lo estoy. Puede que te preguntes cómo una chica de clase media, de Oriente Medio y procedente de una zona acomodada de Londres está cualificada para hablar de dolor y felicidad. Después de todo, mis hermanos y yo vivimos en una casa bonita, estudiamos en un colegio privado y nuestros padres tenían buenos trabajos. Sin embargo, por dentro, mi vida se sentía completamente diferente.

Dejad que os cuente un poco sobre mi familia y mi infancia para que podáis entender de dónde vengo. Mi padre es iraquí, religioso y bastante tradicional en cuanto a cómo nos educó. Era muy estricto, tenía la mecha muy corta e intentaba desesperadamente protegernos de los peligros del mundo occidental, incluidos el sexo, las drogas y el *rock and roll*. Si hubiese sido por él, no habríamos visto películas para menores de doce años hasta que hubiéramos cumplido los dieciocho y habría prohibido las de dieciocho hasta que hubiéramos muerto. Dios nos libre de haber visto a dos seres humanos besándose: ¡habría sido el fin del mundo!

Mi padre trabajaba demasiadas horas como abogado, le costaba mucho demostrar afecto y su matrimonio con mi madre era complicado. Ella era totalmente opuesta a él en todos los sentidos. Nos llevaba a escondidas a un McDonald's que no era halal, nos dejaba llevar a escondidas ropa que mi padre habría odiado y, cuando él no estaba, nos dejaba ver películas que no teníamos permitido ver. Ella es una iraní con una actitud muy occidental que llamaba «cariño» a todo el mundo. Incluso eso cabreaba a mi padre. Esto hizo que viviéramos en una zona de guerra cuando éramos niños y que acabaran divorciándose. Estuve distanciada de mi padre durante muchos años y siempre sentí la ausencia de un modelo masculino fuerte en mi vida, aunque nuestra relación había sido muy tensa desde el principio. Quería a mi padre, pero nunca lo entendí; ni a él ni su forma de entender la vida.

A los cuatro años me di cuenta por primera vez de que me

sentía diferente, y eso me dolió. Cuando digo «diferente», me refiero a no totalmente blanca y con un nombre que la gente nunca podía pronunciar. Estaba en el patio del colegio, pensando en mis cosas, cuando una niña se me acercó y me preguntó por qué tenía las cejas tan pobladas y por qué era tan fea. ¡Ay! No supe responder, pero me pasé el resto del día observando las cejas de todos los demás niños del colegio. Las mías se juntaban claramente en el centro y en ese momento me percaté de que era diferente. Volví a casa, lloré, culpé a mis padres y cargué con el peso de las cejas pobladas hasta los once años, hasta el fatídico día en que cogí unas pinzas y comencé lo que solo puede describirse como una masacre de cejas. Aunque las cejas finas estaban de moda a finales de los noventa, mi aspecto era horrible y a mi pobre madre casi le da un infarto.

Por si no fuese suficiente, pasé la mayor parte de mi adolescencia sufriendo acoso escolar, sintiéndome excluida y sin saber cuál era mi sitio. Quería cambiar mi color de pelo, mi nombre, a mis padres y ser «normal». Sentía un dolor interno que no podía soportar y a los dieciséis años empecé a medicarme con Prozac, bebía ron Malibú, que escondía debajo de la cama, y pasaba el tiempo intentando autolesionarme de forma sutil (no me gustaba mucho el dolor). Así que déjame decirte que sé lo que es estar deprimida, confusa y preguntarse una y otra vez: «¿Se supone que la vida tiene que ser así de dura?».

A los veinte años ya había experimentado el dolor desgarrador de muchos fracasos amorosos, la angustia que supuso navegar por el campo de minas emocional que implicó el divorcio de mis padres y, después, tratar de asentarme en una vida universitaria que me deparó sus propios altibajos. Me había familiarizado con el lenguaje del victimismo y mi estado por defecto parecía estar configurado en «dramático». Luchaba por encajar en mi familia, encajar con mis amigos, encajar en la vida y encontrar relaciones que no me volvieran loca. Cuando tu expectativa de cómo debería ser el mundo es muy diferente de lo que es, caes en una depresión. Cuando luchas continuamente por aceptar quién eres en el fondo, sufres ansiedad. Cuando no sabes cuál es tu propósito y no puedes aceptarte a ti mismo, el malestar se manifiesta en problemas físicos. Me avergonzaba de ser yo misma porque no era popular, delgada o inteligente desde el punto de vista académico. Me sentía diferente y odiaba ser diferente. ¿Por qué no podía, simplemente, encajar?

Para ser sincera, incluso después de haber superado algunos de mis peores momentos, continué sin entender cuál era mi propósito y cómo poner las cosas en orden para poder ser feliz y convertirme en la heroína de mi propia película hasta que prácticamente cumplí los treinta. Si pudieras echar un vistazo a mis viejas fotos de Facebook ahora mismo, verías a una chica que pasaba la mayor parte del tiempo bebiendo, borracha o con resaca. Una chica que buscaba consuelo en las drogas, que se rebelaba contra todo lo que le habían enseñado a creer que estaba bien y que anhelaba encontrar al hombre perfecto pero, sin embargo, recreaba desastrosamente *Cómo perder a un chico en 10 días* una y otra vez (¡me encanta esa película!).

Así que déjame decirte que puede que esté «cualificada» académicamente para ayudarte, pero también he asistido a cada etapa de la (a veces bastante dolorosa) escuela de la vida, y tengo camisetas rotas que lo demuestran. Lo primero que quiero decirte es que dondequiera que estés hoy, ahora mismo, no tiene por qué ser donde estés la semana que viene, el mes que viene o el año que viene. He descubierto un secreto que ha cambiado por completo mi vida. Este secreto me ha ayudado a pasar de ganar ciento treinta y ocho libras a la semana con la paga de maternidad a tener unos ingresos anuales de seis cifras, dándome la libertad de viajar cuando quiero, llevar a mis hijas a los mejores colegios, invertir en propiedades e incluso permitir que mi marido deje su trabajo. Me ha ayudado a tener el cuerpo que siempre había soñado, un matrimonio que me llena y una relación con mis hijas que florece cada día. También me ha ayudado a entablar relaciones de lo más auténticas y afectuosas con mis padres, que me aceptan totalmente, así como a mis elecciones y mi estilo de vida. Nunca pensé que podría decir esto, pero hoy mi padre es uno de mis mejores amigos y un apoyo leal, y yo puedo ser totalmente yo con él. Básicamente, ahora soy muy muy afortunada..

Pero, más allá de eso, este secreto me ha ayudado a ser feliz. No a ser feliz como en las redes sociales, sino a ser feliz de verdad. Dejé de preocuparme por lo que todo el mundo quería de mí. Dejé de querer encajar y complacer a todo el mundo. Dejé de centrarme en lo que tenían los demás y lo que me faltaba a mí y empecé a crear una vida que, de forma bastante egoísta, trataba solo sobre mí. Y he utilizado ese secreto para ayudar a mis clientes de todo el mundo a cambiar sus vidas de forma radical.

Y ahora voy a compartirlo contigo en este libro.

TODO SOBRE TI

Como depresiva en recuperación, sufridora de ansiedad, trabajadora lenta pero con empeño de la vida y *drama queen*, estoy en una posición única para mostrarte que hay una manera de transformar tu vida, y voy a ayudarte a dar esos pasos. Sé que es un trabajo de los grandes, pero estoy dispuesta a asumirlo porque, si yo puedo cambiar mi historia, tú también puedes. Tú tienes el poder. Si no te gusta tu historia, es hora de que la reescribas. También quiero que sepas que no necesitas esperar a que tu vida te destroce y estés en el suelo ahogándote en tus propias lágrimas para hacer un cambio. Ahora es tu momento.

Así que déjame contarte mi secreto: cambiar tu vida empieza por cambiar tu mente. Tal vez hayas oído esto un millón de veces antes y hayas pensado que es una tontería, o tal vez nunca lo hayas oído hasta ahora. Sea cual sea tu caso, tienes que escucharlo (otra vez).

Pero aquí está la advertencia: cambiar tu mente no es algo fácil. De hecho, me atrevería a decir que es una de las cosas más difíciles de hacer para la mayoría de los seres humanos, y por eso hemos acabado con un planeta lleno de demasiada gente que se siente estancada e incluso desesperanzada. Desde el momento en que nacemos, nos vemos empujados a un mundo en el que se nos imponen pensamientos, ideas y experiencias que nos llevan a formar un conjunto de creencias sobre el mundo. Las creencias son los principios básicos que nos orientan y dan sentido a la vida. Las creencias son los filtros predeterminados de nuestras percepciones del mundo. Las creencias son como «órdenes internas» al cerebro sobre cómo interpretar lo que ocurre cuando creemos que algo es cierto.

Desde pequeños nos convertimos en esponjas que lo absorben todo: lo bueno, lo maravilloso, lo malo y lo que es una auténtica mierda. Si nuestros padres están arruinados y se preocupan por el dinero, empezamos a formar creencias al respecto. Si nuestros padres nos muestran amor y venimos de hogares divertidos y cariñosos, desarrollaremos creencias al respecto. Si nuestros padres discuten todo el tiempo, formaremos una visión del mundo a causa de ello. Estamos condicionados a ver la vida de una determinada manera en función de cómo experimentamos nuestra infancia. Todo esto crea y determina nuestra visión del mundo.

Nuestro cerebro está compuesto de muchas partes, pero hay dos cosas que debemos comprender. Tenemos una mente consciente y una subconsciente y, en su mayor parte, es la subconsciente la que dirige el espectáculo basándose en todo lo que ocurre cuando somos niños, como acabo de explicar. Esto forma un patrón arraigado en nuestro cerebro que guía nuestros pensamientos y gobierna nuestras acciones como adultos. Desde una perspectiva psicológica, tenemos que cambiar el patrón para asegurarnos de que nos sirve para conseguir el éxito y la felicidad en todos los ámbitos de nuestra vida. Y cambiar nuestro inconsciente requiere cierto trabajo y, francamente, puede ser tan doloroso como depilarse las partes íntimas.

La mayoría de nosotros sentimos que no tenemos ningún control sobre nuestro destino porque vivimos según un patrón fabricado por nuestros padres y profesores, la cultura, el gobierno o incluso los medios de comunicación. Al nacer nos regalan toda una paleta de colores preciosos que nos hace capaces de pintar una vida increíblemente vibrante. Sin embargo, a medida que pasan los años, nos condicionamos a creer que la vida es una cadena interminable compuesta por comer, dormir, trabajar y repetir. La mayor parte acabamos creyendo que la vida es limitada y está restringida. Trágicamente, en lugar de creer que somos los poderosos artistas que somos y comportarnos en consecuencia, nos convertimos en víctimas de nuestra propia narrativa. Cada vez que aceptamos una creencia de miedo y escasez, desechamos un color de nuestra paleta y nuestro potencial para pintar ese cuadro increíble de cómo debería ser nuestra vida disminuye. Por eso hay tanta gente que no se siente realizada y la vida le parece tan... beis. En esencia, hemos olvidado quiénes somos en realidad.

Casi todas las personas con las que hablo cantan la misma melodía. Se sienten insatisfechas, como si estuvieran fracasando, y perdidas en cuanto a cuál debería ser su camino. En general, sus vidas carecen de pasión, propósito y esa pizca de vivacidad, porque su paleta de colores no tiene los recursos necesarios para pintar un cuadro verdaderamente hermoso. Muchos de nosotros nos tragamos la historia de que ganar dinero es difícil, que debemos esforzarnos por tener una vida «cómoda», que debemos estar agradecidos por lo que tenemos y no querer más. Nos venden la idea de que la vida es para trabajar y que soñar es de idiotas. Creemos que el amor y el éxito son limitados, así que más vale que saquemos los guantes de boxeo y luchemos por ellos. Creemos en creencias autosaboteadoras que dicen: «¿Quién soy yo para tenerlo todo?».

La gente trabaja duro cinco días a la semana para poder permitirse los bienes materiales que creen que les darán felicidad y que creen que representan el éxito. Una vez que consiguen esa cosa, se dan cuenta de que no les ha llenado, así que se endeudan intentando comprar más cosas para llenar ese vacío, solo para despertarse otra mañana más y seguir sintiéndose infelices... y todavía más arruinados. El ciclo sigue y sigue.

Un gran ejemplo de ello son los innumerables famosos que acaban siendo adictos al alcohol y las drogas. Recuerdo pensar: «¿Cómo pueden estar deprimidos, si están forrados?». Russell Brand lo explica de manera conmovedora en su libro *Recuperado*: «Nos han enseñado que la libertad significa ser libres de perseguir insignificantes y triviales deseos. La verdadera libertad es liberarnos de nuestros insignificantes y triviales deseos». A medida que avanzaba en mi viaje de desarrollo personal, me di cuenta de que el éxito y la felicidad no solo consisten en ganar dinero o conseguir objetos materiales, sino que son mucho más profundos de lo que la mayoría de nosotros nos preocupamos por explorar en nuestro mundo occidental moderno y ajetreado.

Con el ánimo de que todo quede realmente claro en este libro, quiero desglosar algunas cosas y lo que quiero decir con ellas y por qué creo que son cruciales. Te daré definiciones de lo que quiero decir cuando «hablo de psicología» para que puedas entender conceptos importantes. Te explicaré esos conceptos y por qué son relevantes para que hagas cambios en tu vida. Ilustraré mis ideas con historias de personas como tú, porque puedo garantizarte una cosa: puede que haya miles de millones de personas en el mundo, pero nuestros patrones de comportamiento son casi siempre muy predecibles y las cosas que nos frenan son prácticamente las mismas. También te daré ejercicios prácticos llamados «Mándalo todo a la mi*rda» para que puedas consolidar lo que te estoy enseñando y obtener así resultados. Por último, quiero que lo hagas de una jodida vez y sin vergüenza ninguna.

Para empezar, quiero darte algunos ejemplos de cómo son los condicionamientos disfuncionales y el efecto que nuestras experiencias en la infancia pueden tener en nuestro futuro. Quizá te resulten familiares.

LA HISTORIA DE LUCY

Lucy creció en una familia de «clase trabajadora» en la que sus padres trabajaban a jornada completa, por lo que apenas pasaban tiempo con sus hijos. Aun así, luchaban por llegar a fin de mes y discutían mucho por ello. Cuando Lucy formó su propia familia, siempre tuvo miedo de no tener el dinero suficiente. Ella y su marido trabajaban, y, aunque su situación económica era mejor que la de sus padres, Lucy discutía con su marido por el dinero. Ella tampoco se esforzaba por conseguir un trabajo mejor porque no le veía sentido, ya que pensaba que implicaría pasar todavía más horas lejos de su familia. Los «patrones» de Lucy saboteaban su potencial para crear una vida de abundancia para su familia.

LA HISTORIA DE RICHARD

Richard venía de una familia de académicos de alto nivel y siguió sus pasos para convertirse en profesor. Ascendió hasta convertirse en director. Su familia estaba orgullosa de él, pero él no se sentía realizado. Se había limitado a seguir el camino marcado por sus padres. Entonces decidió dejarlo y montar su propio negocio. Durante el desempeño de esta nueva trayectoria profesional, se sentía incómodo porque la gente le juzgaba al no pertenecer ya al mundo de la enseñanza. Tenía la creencia de que no estaba haciendo un «buen trabajo» a pesar de que ganaba hasta cinco veces más que su salario anterior. El patrón de Richard estaba interfiriendo en su éxito y su felicidad.

Examinar estos ejemplos a través de la lente de la psicología nos permite comprender de inmediato la forma en que nos comportamos: respondemos a nuestra experiencia con respuestas formadas en función de nuestras circunstancias particulares. Para entender por qué respondemos así, podemos utilizar principios de la psicología que arrojen luz sobre nuestro comportamiento.

Son solo dos ejemplos, pero ya puedes ver que la psicología es esencial para entender qué es lo que nos frena y nos hace sentir insatisfechos e infelices. Constituye la base de todos los principios que compartiré en este libro, principios que te ayudarán a examinar y reescribir ese patrón, que es un factor primordial que te impide alcanzar todo tu potencial. Es como tener un Ferrari precioso y nuevo. Te sientas en él a sabiendas de que podría llevarte en un viaje maravilloso, pero cuando arrancas el motor y aceleras, no se mueve. Lo llevas al taller y el mecánico te informa de que está mal programado.

Tú eres ese Ferrari. Tienes todo el potencial, la belleza y la potencia para emprender cualquier viaje y, sin embargo, te cuesta arrancar por culpa de una programación defectuosa. Es hora de reprogramarte, *baby*.

TU ARMA SECRETA

Seré clara: este no es otro libro más sobre psicología y *mindset*, porque he visto a personas leer este tipo de libros y aun así no sentir que tienen el éxito que desean en la vida. De hecho, yo era una de ellas. Había leído algunos de esos libros, creado mi primer negocio e incluso estaba ganando mucho dinero. Por fuera parecía que tenía éxito, pero por dentro algo no iba bien. Me di cuenta de que, aunque mejorar tu mentalidad es innegablemente importante, también hay otro factor vital para transformar tu vida y lograr una sensación de éxito en todos los aspectos. Y lo que muchas personas no comprenden es que se trata de su arma secreta, a su disposición en cualquiera momento.

Quiero dejar algo claro desde el principio: el éxito no significa, simplemente, bienestar económico. Tampoco se define de la misma manera para todas las personas. Para una persona el éxito puede ser una relación amorosa y para otra un cuerpo sano, en forma y tonificado. Mi idea de una vida extraordinaria va a ser totalmente diferente de la tuya y la tuya totalmente diferente de la de otro lector. En breve determinaremos qué aspecto tiene esa vida extraordinaria y tú podrás sacar una nueva paleta llena de los colores que quieras y pintar el cuadro como más te guste. No eres un robot. Esta es tu vida y es hora de vivirla. No tienes por qué creer en la idea de que solo puedes tener éxito en un ámbito de tu vida. Sentir la verdadera felicidad es tener éxito en todos, y eso es exactamente lo que quiero para ti; esta arma secreta está aquí para ayudarte.

En aras de una transparencia total, cuando oí hablar por primera vez de esta arma secreta no creí en ella porque, después de años de religión impuesta, había decidido hacerme atea. Pero como mi vida se ha convertido en algo mejor que mis sueños, ahora puedo decirte con total sinceridad que esta forma de pensar puede multiplicar por diez tu éxito y tu felicidad. Todo lo que te pido es que cuando comparta esto contigo, no emitas ningún juicio por el momento. Simplemente, lee este libro, sigue los pasos que te doy y, una vez que hayas terminado, entonces podrás juzgar cuanto quieras. ¿Trato hecho?

Vale. Aquí lo tienes. Entra en el Universo.

Ya he dejado claro que no soy una persona creyente, pero creo en una Inteligencia Universal y en lo que en algunos ambientes se conoce como G-DOG o Dios. Vale, nadie lo llama G-DOG, pero bueno, acúsame de lo que quieras, a veces a una chica le gusta canalizar el gánster que lleva dentro. De hecho, me encanta verme a mí misma como una especie de *badass* que rompe todas las reglas de lo que una vez pensé que tenía que ser una persona espiritual. Soy mitad Deepak Chopra, mitad Tupac Shakur.

Cuando era pequeña, recuerdo con claridad hacerle a mi madre una pregunta desconcertante. ¿Qué había dentro de mí que pudiera ver a través de mis ojos? Sabía que había algo dentro de mi cuerpo que miraba hacia fuera, pero de niña no podía comprenderlo. Sabía que, si cerraba los ojos, podía seguir oyendo una voz dentro de mi cabeza.

Como humanos, existimos en múltiples dimensiones al mismo tiempo. Hay una parte física de nosotros: la parte que se ve en el espejo y que interactúa con otras formas físicas, como otros seres humanos, objetos, etc. Esta parte de nosotros es tangible y actúa de forma física en el mundo físico. Pero en nosotros también hay otra parte. Nuestra esencia interior, no física, que alimenta y da vida a nuestro ser físico y que está formada por nuestros pensamientos, sentimientos y creencias. Tanto el reino físico como el no-físico de nuestra existencia son inseparables, como la parte de arriba y la de abajo de nuestro pie.

La espiritualidad es la práctica de conectar con esa parte no-física que hay en ti. Como humanos, se nos ha acostumbrado a un enfoque «desde fuera» para juzgar lo felices que somos, lo que luego marca la pauta del viaje de nuestra vida hacia un destino que nunca nos va a llenar de verdad. Para mí, la espiritualidad es recordar lo que eres: una jodida superestrella. Es la práctica sagrada de mirar hacia dentro para descubrir tu propio potencial. También es la fe inquebrantable en que hay algo ahí fuera que realmente te cubre las espaldas en este viaje de la vida y que va a estar ahí para cogerte de la mano a cada paso del camino, si se lo permites.

Déjame aclarar algunos mitos sobre lo que significa ser una persona espiritual. No llevo pantalones de bambú; no poseo una hoja de loto; lo más probable es que me pillen diciendo «Joder» en vez de «Om» y, sí, me afeito las axilas. Yo solía creer que ser espiritual era para gente que no era normal. Después de años de sufrir acoso escolar y de tratar de encajar desesperadamente (tanto que le rogué a mi madre que me cambiara el nombre mediante acta notarial), sentía que cualquier cosa que estuviera «ahí fuera» no sería ni siquiera algo que pudiera contemplar y que interferiría enormemente en mi búsqueda constante de ser completamente normal. Y para ser sincera, incluso la palabra «espiritual» me daba grima..., ¡mucha! Pero mi vida necesitaba un cambio y, siendo honesta, estaba dispuesta a abrirme a cualquier cosa porque lo que había estado haciendo hasta entonces no funcionaba.

Si eres capaz de comprender y sacar provecho del poder del Universo en tu búsqueda de la transformación, el viaje te resultará diez veces más fácil y muchísimo más alegre. Puedes leer todos los libros de éxito sobre cómo cambiar tu mente, pero el secreto está en utilizar la increíble fuente de energía que tenemos al alcance de la mano para hacer realidad todos esos sueños.

En el próximo capítulo voy a hablar en mayor profundidad sobre cómo y por qué el Universo puede amplificar tu éxito, pero necesito que confíes en mí. Cuando unimos psicología y espiritualidad se forma un matrimonio sin igual y se abren las puertas a la magia en tu vida. La mía mejoró radicalmente cuando comencé mi desarrollo personal, pero lo hizo aún más cuando comencé mi viaje espiritual y me obsesioné con crear la vida de mis sueños mediante la comprensión y la aplicación de los fundamentos que enseño en este libro. La razón por la que creo en ello no es solo porque lo haya experimentado yo misma, sino también porque lo he visto en cientos de clientes y colegas. Si eres capaz de aprovechar esta invisible, dulce y cariñosa Inteligencia Universal que hace que las cosas ocurran en el mundo, conseguirás que tu éxito sea estratosférico. En eso consiste la espiritualidad. Palabra de *boy scout*. Palabra de guía. ¡Lo juro!

Quiero que este libro sea tu lavadora psicológica y espiritual. Quiero que te limpie de toda la mierda que has almacenado en tu cerebro. Quiero que te ayude a sacar la paleta de pintura, rellenarla con todos y cada uno de los colores y guiarte para pintar un cuadro tan fantástico que haría que a su lado Picasso pareciera un aficionado. Mira, no es nada fácil luchar contra décadas de condicionamiento, y necesito que me prometas algo.

Necesito que me asegures que harás lo siguiente:

- **Comprometerte cada día con tu desarrollo personal.**
- **Leer hasta la última página de este libro y todo lo que enseño.**
- **Poner en práctica los ejercicios de cada capítulo. Crearán un cambio más allá de tus creencias.**
- **Enviarme una botella de *prosecco*.**

Vale, lo último era una broma, quería asegurarme de que estabas atento. Y, por encima de todo, necesito que te abras de forma categórica hacia una nueva perspectiva.

CAMBIAR VIDAS

Los libros han cambiado mi vida de forma radical y quiero que este libro cambie la tuya. Recuerdo estar sentada en una cafetería en pleno invierno de 2012, muerta de frío y embarazada. Acababa de vomitar de nuevo tras otro episodio de náuseas matinales y, después de haber decidido no ir a trabajar, encontré consuelo en una taza de chocolate caliente. Abrí un libro que había encontrado en la estantería de mi madre. Se titulaba *Piense y hágase rico*, de Napoleon Hill, y ni en un millón de años (hasta ese momento) habría pensado que un libro pudiese cambiar la trayectoria de mi vida.

Me mostró algo que no me habían enseñado nunca. Intentaba no salpicar mi chocolate caliente por todas partes, en estado de *shock*, mientras pasaba frenéticamente las páginas, devorando cada palabra con una pasión absoluta mientras aprendía sobre el poder de mi mente. ¿Era real? Estaba claro que se habían olvidado de enseñarme estas cosas en la escuela privada, donde mi madre había sido engañada y había pagado miles de dólares para que yo estudiase quiénes fueron las esposas de Enrique VIII y cómo se formaba la lluvia en las nubes.

A ver, está bien saber esas cosas, pero no iban a cambiar mi vida. Las palabras de este libro, sí.

Experimenté una mezcla de rabia y emoción. Rabia porque en quince años de educación nadie había sentido la necesidad de mencionar un enfoque que podría cambiar toda mi vida. Empecé a buscar en Google y me convertí en una yonqui del Universo en toda regla. Recuerdo aquel día en la cafetería como si fuera ayer. Recuerdo la sensación de posibilidades que nunca antes había sentido en mi vida y, sinceramente, puedo decir que, cuando retrocedo en el tiempo, apenas me reconozco como era entonces: una chica desesperanzada, perdida y desesperada por encontrar una salida.

Tal vez tú seas esa persona de la cafetería. O tal vez no eres ella en absoluto y tienes las cosas claras, pero sabes que todavía hay mucho más por hacer. O tal vez seas la persona que no tiene ni idea de lo que quiere hacer con su vida. O tal vez tengas éxito por fuera, pero te sientes arruinado por dentro y no entiendes por qué, porque te has dado cuenta de que ni los Jimmy Choo ni el Range Rover te han proporcionado la felicidad que esperabas. Sea cual sea tu historia, este libro te va a mostrar dónde se han torcido las cosas y cómo puedes cambiarlas de forma sistemática.

Cuando echo la vista atrás a los últimos años de mi vida y me remonto a la década anterior, me parece increíble. Pienso en la chica que sufría ansiedad, depresión, que pasaba la mayor parte del día juzgándose a sí misma y a los demás y que se sentía perdida. Lo aterrador era que, por fuera, parecía que tenía una buena vida y me divertía, pero por dentro me rendía a la primera y era una buenísima escapista. Se me daba genial fingir.

Así que...

- **Es hora de superar el miedo al fracaso y el miedo a lo desconocido.**

- Es hora de dejar de vivir la vida comparándote con los demás.
- Es hora de dar un paso hacia tu poder como la persona increíble y asombrosa que estabas destinado a ser al nacer.
- Es hora de empezar a amarte a ti mismo y a creer en ti de una manera que nunca imaginaste posible.
- Es hora de decir adiós a las excusas sobre no tener tiempo y/o energía suficiente.

Si fue posible para mí, ¡sé que también es posible para ti! Solo soy una chica normal que aprendió a convertir lo imposible en posible, y lo hice todo con la ayuda de los principios de este libro y de mi mejor amigo, el Universo. A veces se necesita una década para llegar al año que realmente cambia tu vida. ¿Estás preparado para que tu año sea este?

Que empiece el viaje.

PUNTOS FUNDAMENTALES

- Donde estás ahora no es donde puedes llegar a estar en una semana, un mes o un año.
- La psicología es increíblemente vital para cambiar tu vida y todo comienza en tu mente.
- Cuando introduces el Universo en la ecuación, multiplicas tu éxito. Hacer del Universo tu mejor amigo es tu arma secreta.
- No juzgues hasta que hayas leído todo el libro y puesto en práctica todos los ejercicios y acciones.
- Necesitas estar comprometido con tu transformación para que todo esto funcione.

CONFÍA EN EL UNIVERSO

Vamos con tu primer ejercicio, el que hice después de leer *E al cuadrado. Potencia tu energía*, el libro de Pam Grout. Para que confíes en mí, necesitas ver pruebas. Después de todo, para saber si algo es bueno, primero hay que probarlo. Así que pongamos el Universo a prueba. Las reglas son sencillas, pero es imprescindible que las cumplas. Recuerda que antes me prometiste que mantendrías la mente abierta y dejarías los juicios en la puerta hasta terminar el libro.

Las reglas son estas:

- Durante las próximas veinticuatro horas, necesito que dejes de lado cualquier duda o cuestionamiento *a posteriori* y que creas plenamente en que el Universo es tu mejor amigo y que te ayudará a cocrear. Solo te pido que lo hagas durante veinticuatro horas (por ahora).
- Quiero que busques un lugar tranquilo y repitas esta frase en voz alta después de mí; puedes adaptarla, pero la idea es la siguiente: «Hola, Universo, necesito creer que me cubres las espaldas, creer de verdad en ti, así que necesito que me hagas un favor. Necesito que me demuestres que me escuchas. Necesito que me hagas un regalo durante las próximas veinticuatro horas. Tú eliges, pero que sea una sorpresa. Y dime también que eres tú con un toque de sabiduría, para que sepa que realmente lo has hecho tú».
- Bien, ahora tu trabajo es buscar ese regalo. Sí, no te olvides de que se lo has pedido al Universo, y tienes que esperar expectante a que llegue. Tienes que saber –al cien por

cien y con toda tu fe– que está ocurriendo. Cuando vas a un restaurante y pides, confías y tienes la expectativa de que tu comida va a llegar. Ahora estás pidiendo un regalo al Universo y debes mantener esta misma actitud.

- Siéntate y espera.

Sigue estas reglas de forma explícita y observa cómo el Universo cumple con su cometido. Puede que el regalo sea pequeño, pero recuerda que ese algo que llega por sorpresa en menos de veinticuatro horas es el regalo que estabas esperando. En una ocasión incluso conseguí que mi marido hiciera este ejercicio. Participó a regañadientes y pidió un regalo. Al día siguiente, estaba ordenando y se emocionó al encontrar un mando a distancia que llevaba semanas perdido. Estaba muy contento y me dijo que no se lo podía creer, que pensaba que había desaparecido para siempre. Le miré y le recordé el ejercicio que habíamos hecho el día anterior. Sonreí; lo había convencido totalmente.

Ahora te toca a ti. Sigue las reglas y observa cómo se produce la magia.

DOS

LO IMPORTANTE SON LAS VIBRAS

El dominio de las vibras será tu nuevo *hobby*;
al final, coser está muy pasado de moda.

Recuerdo cuando me enamoré por primera vez. En plan, perdidamente. Tenía nueve años. Estuve en un campamento de verano durante dos semanas y ahí fue donde aprendí mis primeras lecciones sobre el amor y sobre mí.

Se llamaba Vinnie. Tenía ocho años, era redondito y moreno, pero había algo en él que me encantaba. Recuerdo la emoción cuando le veía y la tristeza que sentí al despedirme de él.

Más que todo eso, recuerdo haber sido valiente. No tenía miedo a expresar mis sentimientos y, al parecer, era una romántica nata a la que Disney había lavado el cerebro desde una edad increíblemente temprana.

Elegí el momento perfecto para pronunciar mi oscarizada declaración, que tuvo lugar hacia el final de las dos semanas, bajo el agua y en el polideportivo local. ¡No se puede ser más romántica!

Al hacerle una señal a Vinnie para que se metiera en el agua junto al enorme flotador de colores, aguanté la respiración y me mantuve firme mientras me sumergía. Empecé a señalarme frenéticamente los ojos y después dirigí su mirada hacia donde me golpeaba el corazón, a lo que le añadí el toque final de señalarlo a él.

«Te quiero», le dije moviendo los labios, y vaya si lo quería.

Sinceramente, no recuerdo lo que pasó a partir de ahí. Quisiera poder decir que él me respondió algo parecido, pero lo más probable es que haya reprimido el rechazo junto con el montón de tantos que he recibido a lo largo de los años. No duró más que un campamento de verano y yo solo tenía nueve años, pero nunca he olvidado a mi primer amor de verano.

Él vivía en otra ciudad y no había ninguna posibilidad de que volviéramos a vernos, pero me pasaba días y noches soñando con él. Tres años después, me mudé a una nueva casa y resultó estar en la misma calle que la suya.

Una década más tarde, volví a encontrarme con él en un *pub* donde, en plena borrachera, relató con orgullo a todos sus amigos la historia de cómo le declaré mi amor eterno bajo el agua. El grado de vergüenza fue tan insoportable que casi me deja sin aliento.

Tal vez pienses que fue una increíble coincidencia. Sin embargo, también existe la posibilidad de que, dado lo que voy a compartir contigo en este capítulo, puedas empezar a ver el poder de la energía a través de la acción y cómo nuestros pensamientos proporcionan al Universo una guía para crear nuestra realidad física. Estoy bastante segura de haber «manifestado» que toda mi familia se mudase a una nueva casa para poder reunirme con Vinnie. Ups. Lo siento, mamá.

¿QUÉ ES ESO DE «MANIFESTAR»?

Bien, deja que te lo explique, porque es esencial comprender los principios en los que se basa la manifestación. Cuando manifiestas, haces que algo que pensaste una vez se vuelva realidad.

A esto se le llama Ley de Atracción y, en pocas palabras, significa que puedes atraer a tu vida aquello que deseas, y es que tus pensamientos pueden convertirse de forma absoluta en tu realidad física. Es una ley universal, lo que significa que funciona para todos, todo el tiempo, seamos conscientes de ello o no, ¡y no podemos jugar con las leyes! Recuerdo que, cuando era pequeña, mi madre siempre me decía que podía hacer cualquier cosa que me propusiera. Tenía razón, pero también existe toda una dimensión que, en realidad, nunca llegué a comprender.

La Ley de Atracción afirma que podemos atraer cualquier cosa que queramos si lo deseamos de verdad. Todo lo que hay en nuestro mundo físico –nuestros cuerpos, relaciones, finanzas– es un reflejo directo de nuestro estado interno y nuestros pensamientos. En pocas palabras, lo que sientes por dentro va a reflejar lo que ves por fuera. Tu percepción del mundo exterior está directamente relacionada con tu mundo interior. Esto significa que, seamos conscientes de ello o no, somos responsables de atraer influencias positivas y negativas a nuestras vidas.

Esto no es ninguna tontería. Como humanos, confiamos tanto en la idea de que lo que vemos con nuestros ojos es la realidad que se nos puede perdonar por no apreciar lo que en realidad existe más allá de eso. Son muchas las formas de ondas que componen el espectro electromagnético: radio, luz, sonido, infrarrojos, ultravioleta y gamma, por citar solo algunas. Existen a nuestro alrededor y se pueden medir mediante el equipo científico correspondiente, pero son invisibles al ojo humano. Esto significa que debemos abrir nuestra mente a todo aquello que no alcanzamos a ver. La gravedad no es visible, y aun así sentimos que nos mantiene con los pies en la tierra. No podemos ver la electricidad, pero sabemos que no debemos meter los dedos en un enchufe. Creer en la Ley de Atracción implica confiar en las fuerzas invisibles que trabajan sin descanso a nuestro alrededor.

Tómate un momento para pensar en el mundo que te rodea y en todo aquello que hay tangible en él: coches, casas, personas, un congelador lleno de helado Ben & Jerry's; bueno, puede que esa solo sea yo. Antes del coche surgió la idea del coche. Antes de que se construyera la casa, surgió el deseo de construirla. Antes de que Ben y Jerry fabricaran tarrinas de helado delicioso e hipercalórico, surgió la intención de construir un imperio del helado. Todo lo que hay ahora en el mundo físico empezó como un pensamiento, un deseo o una ilusión.

Por supuesto, no niego que haya que entrar en acción. Un coche no aparece por arte de magia en una nube de humo, a lo

Harry Potter, nada más concebir la idea. Un negocio no genera automáticamente un millón de dólares solo porque alguien lo deseara y pensara en ello. Nuestro cuerpo físico debe entrar en acción junto con la Inteligencia Universal no física. Y es esta última la que nos ayuda a lo largo del camino al brindarnos las oportunidades y percepciones correctas para hacer que nuestras ideas fructifiquen físicamente con facilidad.

Una vez que has pensado en algo en tu mente, la Inteligencia Universal utilizará su energía para hacerlo realidad. Si has estado fantaseando con una nueva pareja en la vida, una vez que esa visión se ha afianzado en tu mente, el Universo te ayudará a dar forma a las circunstancias en las que conocerás a esa persona. Si eres capaz de pensar en ello, siempre se podrá manifestar dentro de la realidad física. La idea es tuya porque está hecha para ti. El deseo es tuyo porque está hecho para ti. Si puedes visualizarlo en tu mente, tienes el poder de hacerlo. ¿No es genial? Pero es crucial que entiendas que, aunque los pensamientos son creativos, no todos los pensamientos son igual de creativos. ¿Obtienes todo aquello en lo que piensas? No, y menos mal. Imagínate que todos los pensamientos de un adolescente se hicieran realidad: ¡el mundo sería un auténtico desastre!

Muchos de los pensamientos que tienen las personas no llegan a materializarse nunca, ya que les faltan muchos de los ingredientes necesarios para hacerlos realidad físicamente. La mayoría de los pensamientos carecen de la fuerza necesaria para hacer que las cosas pasen. No hay suficiente ambición, deseo y creencia detrás de ellos, y los pensamientos no se repiten con la frecuencia adecuada para hacerse con el poder de generar movimiento en la energía. Cualquier cosa en la que pongas tu atención crecerá siempre y cuando estés alimentándola con grandes cantidades de energía positiva.

El deseo y la atención dan energía a la Ley de Atracción, que luego te convierte, literalmente, en un imán para tus deseos y transfiere todo lo que quieras del mundo no-físico del pensamiento al mundo físico. Algunas cosas requieren algo más de tiempo para que el Universo pueda orquestarlas, mientras que algunos pensamientos se manifiestan rápida y fácilmente, incluso sin mucha energía o concentración. ¿Alguna vez has pensado en alguien y te ha llamado de repente? Algunos lo llaman coincidencia, casualidad o suerte. Pero yo creo que es el Universo demostrándote que lo que piensas puede hacerse realidad.

ASÍ QUE ¿QUÉ ES LA INTELIGENCIA UNIVERSAL?

La física nos enseña que todo el universo es movimiento de energía e información y que, hasta cierto punto, todo está compuesto de las mismas materias primas: carbono, oxígeno y nitrógeno.

Imagínate un tomate. Un hermoso y jugoso tomate rojo. ¿De dónde ha salido? ¿Te estoy oyendo decir «De una semilla»? Pues bien, si cogieras algunas de esas semillas y las frotaras entre los dedos durante el tiempo suficiente, ¿qué pasaría? Se desintegrarían en polvo. Si pusieras ese polvo bajo un microscopio, no verías ninguna molécula mágica que hace crecer tomates; solo verías los mismos átomos de los que estamos hechos nosotros y todo lo demás.

Estamos hechos de la misma materia que el polvo de semillas de tomate, pero hay algo que hace que ese polvo se convierta en unos preciosos y deliciosos tomates rojos: una estupenda fuerza energética. Esa misma fuerza energética es la que toma nuestros pensamientos y los convierte en realidad física. La misma energía que hace crecer nuestro pelo y nuestras uñas y nos ayuda a respirar cada día. Damos todo esto tan por sentado que no nos paramos a preguntarnos cómo ocurre en realidad.

En el fondo, estamos hechos de lo mismo que una silla, un árbol, un tomate e incluso ese maloliente calcetín perdido que te encuentras a menudo bajo la cama. Simplemente, un montón de partículas de energía vibrando. Es una revelación que me conmocionó. En esencia, todos somos calcetines que caminan, hablan, piensan y, con suerte, no apestan. Vale, puede que me haya pasado, pero me ha hecho gracia.

La semilla es el potencial de un gran tomate, es la «idea» que hay detrás del tomate. Sabemos de buena fe que, si plantamos esa semilla, la regamos y la ponemos al sol..., ¡bum, aparecerá un tomate! No dudamos de que la semilla se va a convertir en un tomate. Confiamos en que crecerá, aunque nunca nos hayamos preguntado qué es lo que realmente la hace crecer. Pues bien, esa increíble fuerza de poder es la energía sin forma y la inteligencia que hay detrás de la vida, a la que se hace referencia como todo tipo de cosas en diferentes aspectos: el Origen, Dios, la Madre Naturaleza, Alá, la Diosa o la Fuerza Vital.

Todos se refieren a lo mismo: una energía de lo más poderosa que transforma las ideas en realidad. A lo largo de este libro me refiero a esta fuerza invisible como el Universo. El Universo toma nuestras imágenes mentales y nos ayuda a convertirlas en nuestros trabajos perfectos, coches de ensueño, bolsos Mulberry y parejas ideales. Tener fe en esta fuerza invisible de la naturaleza te ayudará a transformar tu vida más rápido de lo que lo hubieras hecho de otra manera, porque te da la tranquilidad de saber que no tienes que hacer el viaje solo y que puedes cocrear tu vida de forma deliberada. Así que, como puedes ver, la esencia de la manifestación es la energía.

Te guste o no, lo creas o no, esta energía siempre está trabajando de fondo. Tanto si estás intentando perder peso, encontrar el amor de tu vida o ganar más dinero, hay formas tangibles y prácticas de cambiar tu mentalidad desde una perspectiva psicológica para conseguirlo, y las voy a compartir contigo a lo largo de este libro. De todos modos, tener el conocimiento de que puedes crear lo que quieres, si realmente lo quieres, y diseñar la vida de tus sueños, es bastante asombroso.

¿CÓMO DIABLOS MANIFIESTAS LO QUE QUIERES?

Permíteme empezar diciendo que, aunque hay algunos pasos claros para crear tu vida de forma deliberada (es decir, manifestar), también es un proceso natural; una vez que hayas leído todo este libro y hayas empezado a liberar tu potencial, descubrirás que manifestar dejará de ser un procedimiento que seguir paso a paso y se convertirá en algo más orgánico.

Una vez escuché una explicación que lo ilustraba muy bien. Digamos que de pequeño fuiste a un colegio donde aprendiste a manifestar y lo normalizaste hasta el punto de que ni siquiera lo pusiste en duda. La creencia estaba apoyada por tus padres, tus profesores y tus compañeros, y por ello sabías que, si deseabas algo y pasabas a la acción, sería tuyo. Tus creencias serían diferentes y tu visión de la vida sería radicalmente distinta.

El primer paso para manifestar es decidir lo que realmente quieres. El capítulo 3 va a tratar sobre la fijación de objetivos y te va a ayudar a crear tu vida ideal. El segundo paso es decidir que está hecho, lo que significa tener plena fe en la Ley de Atracción. Esta es la parte difícil, ya que en este punto tu cerebro luchará contra ti porque, de hecho, no fuiste a la escuela de la manifestación, así que necesitas entrenar tu mente y reprogramarla para que lo crea. La expectación es una fuerza poderosa porque te da la confianza de que puedes crear la vida que deseas. Cuanto más veas que las cosas suceden en tu vida y más eres testigo de que tus pensamientos se manifiestan, esto comienza a darte la confianza y te ayuda a creer que toda esta movida es, de hecho, muy real.

En el ejercicio al final del capítulo 1 te dije que esperases durante veinticuatro horas a que el Universo te diera un regalo con el mismo nivel de expectación con el que llegaría tu comida a un restaurante. A medida que avances en este libro y empieces a ver que las cosas cambian, tu confianza en el poder de la manifestación aumentará y tu «músculo de la fe» se fortalecerá. En lugar de cuestionar si el resultado se hará realidad, tomarás una acción inspirada con el pleno conocimiento de que el resultado será tuyo.

Más adelante también hablaremos de lo que significa esta «acción inspirada». Para que puedas emprender una acción inspirada, necesitas comprender cuáles de tus creencias profundamente arraigadas están en conflicto con lo que deseas y cómo reprogramarlas. (Abordaremos este tema muy pronto).

SER UN MAESTRO DE LAS VIBRAS: CÓMO SINTONIZAR UNIVERSOFM

Una de las piezas más importantes del rompecabezas para que podamos ser capaces de manifestar como locos, es tomar el control de cómo nos sentimos. El modo en el que sientes emite una vibración. ¿Alguna vez te has referido a alguien como «buena vibra» o «mala vibra»? Bueno, como humanos podemos sentir, literalmente, las vibraciones de las personas que nos rodean. Cuando sentimos alegría, amor, libertad, gratitud y pasión, vibramos de forma literal en una frecuencia más alta, y cuando sentimos miedo, depresión, pena, inseguridad y culpa, vibramos en una frecuencia mucho más baja.

Para manifestar, necesitamos estar en alineación vibracional con el Universo. Para saber con certeza si estamos alineados y si la vibración que emitimos atrae lo que queremos, debemos prestar mucha atención a cómo nos sentimos.

Imagina que tienes una radio y que UniversoFM es el canal que necesitas sintonizar para manifestar. UniversoFM tiene una frecuencia vibracional alta. En general, cuando nos sentimos bien, estamos en modo «atracción» y sintonizados con UniversoFM, y cuando nos sentimos mal, estamos sintonizados con una frecuencia de carencia; llamémosla MierdaFM. Cuanto mejor nos sentimos, más abiertos estamos para que nuestros deseos vengan fácilmente a nosotros. En pocas palabras, nuestras emociones son el mayor indicador de si estamos alineados o no.

¿Te has dado cuenta alguna vez de que algunas personas parecen tenerlo todo y son tan «afortunadas» porque cada vez consiguen más cosas increíbles? Por el contrario, acuérdate de uno de esos días en los que las cosas no paraban de salirte mal. Las coincidencias no existen. Todo se reduce a tu energía creando todo lo que tu mente está poniendo ahí de forma vibratoria, y así es exactamente como funciona la Ley de Atracción.

Alejémonos de la energía y veamos esto desde una perspectiva psicológica. Si deseas hacerte con algo, sentirte feliz, lleno de energía y con el «estado de ánimo adecuado» te ayudará a tomar medidas para conseguirlo. Numerosos estudios académicos demuestran que las personas felices tienen éxito en muchos aspectos de su vida, como el matrimonio, la amistad, la economía, el rendimiento laboral y la salud. Los psicólogos también sostienen que el vínculo entre la felicidad y el éxito no solo existe porque el éxito haga feliz a la gente, sino también porque una disposición positiva alimenta al éxito.

Hace tiempo, cuando me topé por primera vez con la Ley de Atracción, estaba dispuesta a creer en cualquier cosa a pesar de mi mentalidad cínica de entonces. Traté de manifestar cien mil libras, pero no me daba cuenta de que hay un proceso para activar la Ley de Atracción que uno debe seguir. Me quedé con el culo al aire comiendo nachos y preguntándome «¿Por qué» en cuanto me di cuenta de que las cien mil libras no iban a llegar y que el Universo me odiaba. La realidad es que no estaba en el estado de ánimo adecuado; había sintonizado MierdaFM. Nunca iba a atraer nada (ni a hacer nada para ganar las cien mil libras) cuando mi energía era tan baja, así que rápidamente deseché todo el concepto.

Manejar tu energía es la regla número uno para manifestar nuestros deseos, y esta es una de las cosas más difíciles para nosotros, como humanos. ¿Por qué? Porque durante mucho tiempo nos hemos dejado llevar por nuestro subconsciente excesivamente condicionado y nos dejamos influenciar con demasiada facilidad por lo que ocurre a nuestro alrededor en el mundo físico, en lugar de aprovechar nuestro máximo potencial. Nuestras emociones son a menudo un subproducto de las situaciones que se suceden a nuestro alrededor, el impacto de otras personas sobre nosotros y el subconsciente que limita nuestros patrones de pensamiento.

Entonces, ¿cómo empezamos a cambiar nuestra energía para sintonizar UniversoFM? ¿Cómo mantenernos felices, alegres y llenos de energía todo el tiempo? Bueno, mira, somos humanos y yo soy realista; a veces pasan cosas que simplemente nos cabrean, como que nos pongan una multa de tráfico o que no estemos de acuerdo con la suegra (de nuevo). Pero, en serio, hay formas de gestionar nuestra energía para que podamos recuperarnos rápidamente si nos encontramos sintonizados a MierdaFM y entonando una melodía de «mierda, mierda, mierda». Y, a veces, ocurren cosas realmente malas en nuestras vidas que nos dejan por los suelos y nos sumen en una espiral de falta de energía.

Sin embargo, tu trabajo consiste en ser superconsciente de ti mismo (este libro te ayudará a conseguirlo) para que, incluso en esos momentos en los que sientes ira, rabia, celos, envidia o cualquier otra emoción negativa, sepas cómo cambiar rápidamente tu energía hacia un estado positivo. Esto no significa reprimir o ignorar las emociones negativas. Son tan importantes en nuestras vidas como las positivas, ya que nos proporcionan una información muy valiosa. Necesitamos sentir toda la variedad de lo que ocurre en nuestro interior por dos razones:

1. **Cuando estemos deprimidos o frustrados o estemos pasando por una situación complicada, podemos usarlo como indicador de lo que no queremos. ¿Cuántas historias de éxito has oído en las que el tema sea «de pobre a rico»? A menudo hace falta que alguien toque fondo para que sienta el deseo incondicional de hacer un cambio radical.**

2. **Cuando pasamos por momentos difíciles en la vida, descubrimos que necesitamos más resistencia, confianza y entusiasmo. Nos da la oportunidad de comprender si nos estamos haciendo las víctimas o no.**

Entiende esto: el dolor es físico, pero el sufrimiento es mental, e incluso en los peores momentos de nuestra vida siempre tenemos la opción de pensar de otra manera. Ser positivo no es un galimatías: sí podemos elegir ver cada situación a través de un prisma diferente, uno con solución.

Sé que mis sueños y deseos dependen de que me mantenga positiva y lo he convertido en un arte. Y quiero que tú también lo hagas. El dominio de la vibra será tu nuevo *hobby*; coser está muy pasado de moda. Para cuando hayas terminado este libro, tendrás todas las herramientas del perfecto maestro vibracional y serás algo parecido a un superhéroe. Y aunque sé que, por mucho que sueñe con ello, nunca podré volar sin la ayuda de una mochila propulsora aún por inventar, creo que los seres humanos podemos alcanzar un nivel de maestría vibracional que nos permita manifestar todo lo que nos propongamos.

Así que ¿cómo podemos convertirnos en maestros de la vibración y atraer lo que queremos como un mago de verdad? (Y para que conste, al final manifesté esas cien mil libras en un mes: funciona de verdad).

DESPEJA TU CONEXIÓN

El primer paso es imaginar un túnel de luz que sube recto desde la parte superior de tu cabeza hacia una gran bola de energía amarilla. (¿Lo has hecho alguna vez en una clase de yoga?). Esa gran bola de energía amarilla es el centro del Universo. Pues bien, ese túnel de luz tiene que ser de un blanco brillante para que podamos manifestar lo que queremos. Y siento decirte esto, pero para mucha gente es negro; ¡sí, negro! Y sinceramente, por mucho que me guste vestir de negro, para conectar con el Universo hace falta que sea un blanco muy muy brillante.

Esa negrura surge de años de condicionamientos, comparaciones, juicios, críticas y quejas. ¡Que levante la mano quien sepa de qué hablo! Demonios, todos lo sabemos, y si estás ahí sacudiendo la cabeza es mejor que abandones ahora mismo este malabarismo de transformar tu vida, porque ser sincero contigo mismo es el primer paso. Tu trabajo es limpiar ese túnel para que puedas tener un acceso directo, claro y eficiente al Universo y poder manifestar tus deseos más profundos.

¿Cómo podemos limpiar nuestra conexión con el Universo? Bueno, necesitamos entender algunas cosas que suceden dentro de nosotros, cosas que han corroído el túnel y lo han teñido de negro. Empecemos por el hecho de que, aunque somos una sola persona, tenemos diferentes niveles de operatividad.

En primer lugar, como ya he explicado antes, podemos operar desde un nivel consciente y desde un nivel subconsciente. Y, lo que es más aterrador, más del ochenta por ciento de lo que hacemos procede del subconsciente. El cerebro conserva energía «automatizando» nuestros procesos y pensamientos cotidianos. Recuerda que nuestro cerebro no es más que un órgano que actúa como un ordenador que almacena y procesa datos.

En segundo lugar, podemos operar desde el Ego o desde la Sabiduría Superior, a lo que me voy a referir como Alma. Voy a mantener esta explicación del Ego en su forma más simplista y desde una perspectiva puramente espiritual, no psicológica. El Ego es tu parte «pensante», y su voz está formada por el condicionamiento de la sociedad y las experiencias pasadas. Su estado por defecto ha evolucionado hasta convertirse en miedo, y la mayoría de las veces la voz de nuestro Ego se arraiga en la irracionalidad. El Ego crea una ilusión basada en tus experiencias humanas y niega el hecho de que hay una parte de ti que no está arraigada al mundo físico. A medida que avanzamos en la vida, creemos que su voz es la verdad porque es la que más alto suena en nuestra mente. La descripción que hace Sogyal Rimpoché en *El libro tibetano de la vida y de la muerte* lo explica de forma brillante: «Dos personas han estado viviendo en ti toda tu vida. Una es el ego, gárrulo, exigente, histérico, calculador; la otra es el ser espiritual oculto, cuya tranquila voz de sabiduría solo has escuchado o atendido en contadas ocasiones».

Cuando estaba en la universidad, vivía en una casa de estudiantes con mi mejor amiga. Me hacía reír, me hacía sentir bien conmigo misma y me quería tal como era. Decidimos buscar una nueva compañera de piso, y alguien que conocíamos aprovechó la oportunidad para vivir con nosotras. Pero las cosas se torcieron rápidamente. La nueva compañera era muy negativa y siempre se centraba en la parte mala de las cosas. Las vibraciones bajaban y estábamos nerviosas cuando estábamos con ella.

Solíamos dividirnos las obligaciones domésticas, como comprar papel higiénico. En una ocasión, esta compañera de piso se quejó de que mi mejor amiga usaba demasiado papel. ¡La acusó e insistió en que redujera su consumo a una o dos hojas por turno! Su mentalidad ahorradora nos hizo tanta gracia que el racionamiento de rollos de papel se convirtió en una broma habitual en casa. Sin embargo, sus constantes e irracionales exigencias nos hacían sentir como si tuviéramos que andar siempre con pies de plomo.

¡El Ego es la policía del papel higiénico! El Ego te hace correr de un lado a otro mientras te convence de que la felicidad se encuentra en otro lugar, lejos de ti. Le gusta hablar de deseos materiales y te convencerá de que salir y comprar cosas te hará feliz. Irónicamente, una vez que tengas las «cosas», te dirá que no son suficientes. También suele considerar el peor de los escenarios, buscar culpables de la infelicidad personal y juzgar a todos los que le rodean. A la voz del Ego siempre le gusta tener razón, odia que la cuestionen y le encanta hacerse la víctima. El Ego te convence de que seas egoísta y solo mires por ti porque la vida –según el Ego– es para trabajar, sufrir y luego morir. Te tiene corriendo como un pollo sin cabeza en busca del éxito que no tiene intención de dejarte terminar. El Ego te dirá que no le gustas a nadie, que no eres lo bastante guapo y que tienes el culo demasiado grande. En resumen: es un poco gilipollas.

En este nivel del ser simplemente vamos por la vida con nuestros pensamientos, en piloto automático, sin cuestionarnos nunca cuál es nuestro verdadero propósito ni aprovechar realmente nuestro verdadero potencial.

Debemos trascender este nivel rudimentario de vida si queremos sentir una felicidad verdadera y manifestar la vida de nuestros sueños. El siguiente nivel es cuando nos damos cuenta de que los pensamientos son solo pensamientos, tan solo datos que salen de nuestro cerebro (que es un sistema operativo), y que podemos cambiar nuestros pensamientos en cualquier momento si empezamos a ser conscientes de ellos. Esto nos permite empezar a funcionar desde un nivel totalmente diferente, el nivel del Alma.

La mayoría de la gente está en el nivel del Ego y mi trabajo es ayudarte a cambiar al nivel del Alma. En este nivel, empiezas a darte cuenta de que estás conectado a la Inteligencia Universal y que tienes el poder de manifestar. Cuando tienes el interruptor del Alma encendido, en lugar de ir por la vida con miedo empiezas a reconocer que tienes un potencial ilimitado y que la vida está llena de posibilidades ilimitadas. Tu Alma, por así decirlo, es la parte divina de ti que está conectada con el Universo. Está ahí para cuidarte espiritual y emocionalmente, y a menudo se comunica sin palabras. Si bien la voz del Ego es fuerte y autoritaria en tu mente, la voz de tu Alma «habla» con más suavidad y en voz más baja. Al principio, puede comunicarse de manera delicada, pero también puede volverse gruñona y persistente. Cuando estás conectado con esta parte divina de ti, todo parece tener sentido y tienes una sensación de conocimiento interior. El Alma solamente ve la vida a través de la lente del amor y opta con orgullo por ir por la vida con unas gafas de color de rosa.

Tu Alma sabe que eres increíble incluso sin ninguna de esas cosas materiales por las que el Ego quiere que te dejes la piel. Te abraza suavemente y te da codazos con intuición e inspiración para hacerte saber que tus ideas importan y que tienes grandes cosas que hacer en este planeta, y te guiará teniendo en cuenta tus mejores intereses.

Durante gran parte de tu vida, el Ego, como esa odiosa compañera de piso, ha hecho tanto ruido que has tenido que ir por la vida con pies de plomo. Con la edad, el Ego se hace más fuerte e incluso más bocazas. De hecho, apaga la voz de tu Alma.

Para despejar ese túnel oscuro y volver a conectar con el Universo, necesitas ser totalmente consciente y determinar quién está al mando en cada momento de tu vida. Existe una batalla constante entre el Ego y el Alma, pero una vez que pasas a un nivel de conciencia consciente (algo que la mayoría de los seres humanos nunca llega a hacer), tu vida recuperará una increíble sensación de poder.

Cuando dirigimos nuestras vidas de acuerdo con el liderazgo y la guía de nuestra Alma, nuestra energía se dispara de forma automática. Aprendemos a dejar de juzgar, comparar, criticar y empezamos a amar, perdonar, ser agradecidos y vivir con alegría. Cuando te gobierna el Ego, insultas al tipo que se te cruza por la calle en vez de dejarle pasar con una sonrisa, a sabiendas de que no importa esperar un poco más. El Ego intenta convencerte de que nunca vas a tener éxito (¡así que no te molestes en lanzarte a esa nueva aventura!), pero tu Alma, al igual que tu mejor amigo, te dará codazos de inspiración durante todo el camino y te animará a lo largo del viaje. Cuando llevas tu vida con amor, lo haces desde tu Alma. Cuando la llevas a través del miedo, eso es cosa del Ego.

A menudo la gente me pregunta cómo he sido capaz de manifestar cosas tan asombrosas, y a lo largo del libro voy a compartir el proceso exacto de cómo he cambiado yo misma, pero todo empezó cuando fui consciente de mis pensamientos y elegí liderar con amor e ignorar a ese molesto y amenazante

Ego. Una vez que reconoces quién dirige el asunto, puedes comenzar a ajustar tu energía para asegurarte de que actúas con la energía del amor. Comencé a observar mis pensamientos y me di cuenta de que podía elegir cambiarlos en cualquier momento. Los seres humanos somos afortunados porque somos capaces de entrenar nuestra mente para ser conscientes de la energía y la información que queremos crear o dejar de crear en nuestras vidas. Somos energía: todo lo que manifestamos no es más que energía.

Pero déjame decirte que cambiar las cosas puede parecer muy difícil. Cambiar nuestra mentalidad, tomar conciencia de nuestros pensamientos y acciones, es probablemente una de las cosas más difíciles que podemos hacer, pero es el secreto para desbloquear el poder de la transformación duradera y permitir que la felicidad se cuele en nuestras vidas. Yo ahora sé que eliminando el odio, la envidia, los celos, el egoísmo y el cinismo, e intentando sentir afecto incluso por la persona más molesta y, lo más importante, por mí misma, puedo conseguir lo que quiera, porque esta soy yo sintonizando UniversoFM.

Sé que una actitud negativa hacia los demás nunca podrá darme el éxito que deseo, y yo quiero ese éxito. La pregunta es: ¿hasta qué punto lo deseas tú?

Digamos que te levantas con el pie izquierdo, quejándote de que es lunes por la mañana y que tienes que mover el culo para ir a ese trabajo que tanto odias. Inmediatamente te pone de mal humor. Esta energía no es propicia para conseguir nada de lo que quieres en la vida, ya que es de baja frecuencia: has sintonizado con MierdaFM, pero en ese momento también tienes la opción de cambiarla. Puedes ponerte lo nuevo de Beyoncé, bailar por casa como un loco y recordarte a ti mismo que eres increíble y que tienes el poder de cambiar tu vida. Al cambiar tus pensamientos, cambias tus emociones, lo que a su vez cambia tu energía y guía tus acciones. Ahora puedes centrarte en tu plan para dejar ese trabajo en lugar de obsesionarte con la situación en la que te encuentras ahora mismo.

Como puedes ver, cambiar tu mentalidad es crucial si pretendes activar la Ley de Atracción, la misma que te hará ver que puedes tomar el control de cómo se desarrolla tu futuro para darle la forma que tú elijas. Eso es bastante emocionante.

Pero tanto si te lo crees como si no, en esencia, el mensaje principal es que, cuando nos sentimos bien, podemos hacer que ocurran muchas más cosas en nuestras vidas. Cuando decidimos dejar de ver la vida desde una visión negativa, abrimos un mundo de posibilidades. Y el quid de la cuestión es que puedes elegir. Puedes elegir pensar y sentir de forma diferente. Puedes tener el control total de tu vida si así lo deseas. Ya no necesitas creer que estás atascado donde estás o destinado a una vida dirigida por los condicionamientos de tu infancia.

PUNTOS FUNDAMENTALES

- Cuando manifiestas, haces realidad algo que pensaste en el pasado.
- Para poder manifestar debes estar sintonizado con UniversoFM y vibrar en una frecuencia alta.
- Para ser «buena vibra» debes ser consciente de cómo te sientes y aprender a controlarlo.
- El Ego es la parte de ti que se basa en el miedo y que ha sido creada a partir del condicionamiento de la infancia.
- Tu Alma es la parte amorosa y poderosa de ti que está directamente conectada con la Inteligencia Universal.

ROLEPLAY CON EL UNIVERSO

Este es un truco para cambiar tu energía. Cuando consigues sintonizar con la versión más impresionante de ti mismo, puedes transformar tu vibración. La forma más rápida de manifestar es asegurarte de que tu energía esté alineada con la de UniversoFM, incluso si tu situación no es la ideal. Pensar y actuar de acuerdo con tu futuro en lugar de tu realidad actual puede parecer descabellado, pero te enseñará a pensar en las cosas de otra manera.

Tómate un momento para imaginarte dentro de diez años con todo lo que deseas: el dinero, la pareja de tus sueños (o viviendo tu mejor vida de soltero), un cuerpo sano y tonificado, una familia que te quiere, amistades que te llenan y, para rematar, un *jet* privado.

Quiero que te imagines muy muy feliz, sintiéndote pleno a nivel emocional, físico y mental. Ese «yo futuro» que puedes ver en tu mente estará vibrando a una frecuencia realmente alta porque es la mejor versión de ti mismo, la más feliz y la más satisfecha. Siente cómo cambia la energía en tu interior mientras te ves a ti mismo con los ojos de tu mente entrando en tu mejor versión.

Ahora escribe cinco cosas que sentirías, cinco cosas que creerías y cinco cosas que pensarías si esto se hiciese realidad, si fueses esa persona en la que sueñas convertirte. Puedes utilizar la sección de notas al final de este libro para escribirlo.

Esa es la vibra que necesitas incorporar a tu vida diaria.

Si invocas estos cinco sentimientos, estas cinco creencias y estos cinco pensamientos en el presente, acelerarás la manifestación. Cuando lo hagas, te convertirás en un imán para las energías positivas del Universo, que te ayudarán a hacer realidad tu yo futuro ideal.

TRES

PIÉNSALO, CONSÍGUELO
#CAZAOBJETIVOS

No rebajes tus sueños, mejora tus creencias, *baby*.

Recuerdo que en el colegio le dije tímidamente a mi orientador profesional que quería ser actriz o, para ser sincera, cualquier cosa que supusiera estar encima de un escenario. Me avergonzaba por las innumerables veces que me habían dicho que no era realista y que eso no me daría ninguna estabilidad. Me habían convencido de que lo que yo quería no era factible. Todo era bla, bla, bla. Cada vez que alguien hablaba de mi futuro, sentía como si mis sueños se alejaran cada vez más. ¿Te sientes identificado con esto?

Entonces, ¿adivinas qué me enseñó esto de pequeña? No tengas metas. No sueñes a lo grande. Deja de compartir objetivos que la gente pueda decir que no son alcanzables. Sé realista, sé fácil, sé normal y corriente.

Ese fue el mensaje que me inculcaron y, sin duda, tú sabes exactamente de lo que estoy hablando. Mis objetivos en la vida se centraron en lo que hacían los demás, en lo que todos esperaban de mí y en lo que yo creía que era aceptable en la sociedad. Había dejado de escuchar a mi intuición, había dejado de luchar por mis sueños y me sentía como Nemo tratando de encontrar desesperadamente el camino de vuelta a casa.

Una parte importante de la Ley de Atracción es entender que el lugar donde pones tu enfoque y energía tiene un impacto masivo en lo que te sucede. En este capítulo, compartiré contigo cómo establecer objetivos que te emocionen y cómo conseguirlos aunque te resulten inalcanzables. Quiero que te sientas cómodo estableciendo metas que te pongan nervioso e incluso te hagan sentir un poco de vergüenza, porque entonces sabrás que estás siendo fiel a ti mismo y que te estás permitiendo soñar a lo grande.

TUS OBJETIVOS DEBEN SIGNIFICAR ALGO PARA TI

Los objetivos te dan un sentido de dirección que elimina esa sensación de agobio, y cuando tienes un plan de acción para conseguirlos, bueno..., el mundo se pone a tus pies. Mucha gente que conozco me hace la misma pregunta, y yo también me la he hecho miles de veces: «¿Qué se supone que debo hacer con mi vida?». Como humanos tenemos necesidades y, además de nuestras necesidades básicas de comida, casa y afecto, todos tenemos el deseo de crecer. Según la jerarquía de necesidades de Maslow, deseamos «llegar a ser todo lo que somos capaces de llegar a ser».

Necesitamos sentir que tenemos un propósito. Queremos tener éxito. Al principio de este libro he escrito que, para mí, el éxito es ser libre y feliz. Todas las cosas que hago me permiten elegir lo que quiero y dan sentido a mi vida, y esa es mi forma de tener éxito.

Pero ¿qué significa el éxito para ti? Es alucinante la poca cantidad de gente que se sienta a pensar en lo que realmente quiere. Esta es la primera pieza del puzle para cambiar tu vida, y quiero que te tomes un momento para sentarte en silencio y pensar en cómo es la vida de tus sueños. ¿Dónde vives? ¿A qué te dedicas? ¿Cuánto dinero ganas? ¿Estás casado/a? ¿Tienes hijos? A lo mejor vives solo en una cabaña frente al mar en Tailandia o te has casado con una bailaora de flamenco en Sevilla. Pero sea cual sea la vida de tus sueños, quiero que te tomes unos minutos para preguntarte: ¿qué significa para ti tener éxito? ¿Cómo se siente tenerlo?

Si nos montáramos en un coche y empezáramos a conducir sin más y sin rumbo fijo, gastaríamos combustible y acabaríamos frustrándonos. Una de las principales necesidades humanas para sobrevivir es crecer y es justo cuando no progresamos que surgen fricciones internas. Al carecer de propósito y dirección avanzamos a trompicones por la vida, y esta falta de realización puede manifestarse en forma de ansiedad, depresión, ira, enfermedades físicas y adicciones (yo misma he pasado por ello y mis cicatrices lo demuestran).

Incluso las personas exitosas pueden sufrir estas emociones y experiencias si sus objetivos principales están impulsados por el beneficio de lo material. Hay muchos famosos que aparentan tener éxito –dinero, coches, propiedades, fama– y, sin embargo, los medios de comunicación están llenos de historias trágicas. ¿Por qué? Porque estas personas se han centrado en un tipo de éxito que se fija únicamente en el enriquecimiento material guiándose por el Ego y sacrificando otras partes de su vida. Y, en última instancia, esto lleva al mismo final para muchos: caída en picado y rehabilitación. No quiero eso para ti. Quiero que tengas deseos que llenen tu Alma y te hagan feliz, que te conviertas en la mejor versión de ti mismo, no solo que te esfuerces por ser mejor en una sola parte de tu vida.

Lo que también es importante es que tus objetivos sean tuyos. Créeme, mucha gente tiene metas que no son suyas. Hay mucha gente que tiene objetivos basados en lo que haría que sus padres se sintieran orgullosos, en lo que haría que la sociedad les admirara o en lo que perciben como lo correcto, a pesar de que esos objetivos les hacen sentir miserables. Son precisamente ese tipo de objetivos los que no quiero que tengas.

ESTABLECER OBJETIVOS COMO NADIE

No solo voy a enseñarte a establecer objetivos que te obsesionen para que los consigas, también quiero que utilices tu arma secreta: ¡el Universo!

Así que ¿por dónde empezar a fijar objetivos?

En primer lugar, necesitas saber hacia dónde te diriges. Tu GPS interno precisa de un destino. Debes tener muy claro lo que significa el éxito para ti y comprender lo que vas a sentir y cómo te vas a ver una vez que hayas llegado allí.

No lo olvides: lo que queremos es la maestría vibracional. La razón por la que tanta gente se queda atascada en una rutina perpetua de «no saber qué hacer» es porque tienen miedo de dejar volar su imaginación y soñar con todas las posibilidades. Se abruman con preguntas del tipo «¿Cómo va a suceder?», en lugar de disfrutar de la magia y la emoción de lo que podría ser posible para ellos.

Teniendo esto en cuenta, empieza por coger un trozo de papel, o utiliza la sección de notas al final de este libro, y sé realmente sincero sobre lo que quieres. Responde: ¿qué es lo que más quieres para tu vida, aunque no tengas ni idea de cómo hacerlo realidad? Olvídate de ser realista. Elimina el «¿cómo?». Limítate a escribir. Solo quiero que te dejes llevar por ese deseo.

Aunque no conozcas los detalles con exactitud, basta con que te hagas una idea de cómo quieres que sea tu vida y, sobre todo, de cómo quieres sentirte. Recuerda que esto no es algo fijo y puede variar. El ejercicio que encontrarás al final de este capítulo te ayudará a tenerlo claro, pero debes saber que, una vez que conozcas tus objetivos, empezarán a suceder acontecimientos que los harán realidad; siempre que, por supuesto, sigas todos los pasos que te voy a mostrar.

Si estás lidiando con la pregunta anterior, piensa en las cosas con las que no estás contento o satisfecho ahora mismo. Es un buen comienzo. Tal vez no te guste tu trabajo, o ya estás harto de ir solo a las cenas de Navidad, o te disgusta tener que rebuscar en la sección de rebajas cada verano. A veces es más fácil empezar por lo que no nos gusta y utilizarlo como medida de lo que queremos cambiar.

No todo el mundo tiene objetivos masivos con los que cambiar el mundo, y eso está bien. Recuerda que el éxito es aquello que tú defines como tal, y eso varía de una persona a otra. Sin embargo, es importante decidir lo que quieres y luego darle la atención y el amor que se merece para hacerlo realidad.

Para que la Ley de Atracción funcione, la atención es esencial, así que establecer objetivos verdaderamente excelentes le da a tu mente un lugar en el que centrarse. Sea lo que sea aquello en lo que te centres, las cosas empezarán a suceder.

Déjame contarte cómo se desarrolló mi vida y qué fue lo que cambió para mí. En el invierno de 2013, yo estaba sentada en mi coche llorando a moco tendido frente a la guardería de mi hija. Tenía catorce meses y la había dejado por primera vez con un puñado de desconocidos. Recuerdo con claridad pensar que tenía que hacer todo lo posible para dejar mi trabajo y estar con mi pequeña.

El caso es que aún no tenía ni idea de lo que iba a suceder. Mi objetivo en aquel momento era simplemente que algo tenía que cambiar y que necesitaba ayuda para averiguar cómo hacerlo. Quería sentirme libre.

Quiero que asimiles esta frase. A veces no es necesario conocer los detalles; basta con saber cómo quieres sentirte y dejar que el Universo te guíe en la dirección correcta. Eso es precisamente lo que me ocurrió a mí, y los años que vinieron después transcurrieron de la mejor manera posible. Mi momento más bajo me brindó un punto de referencia sobre aquello que quería cambiar.

Cuando estamos perdidos y confusos, si intentamos resolver las cosas de forma lógica, podemos encontrar resistencia al no tener claros los detalles exactos. No es agradable y mina nuestra energía. Cuando pedí ayuda, mi mayor deseo era encontrar una solución para salir de mi situación. Desde ese punto de partida, lo único que tenía claro era que quería ser mi propia jefa, lo que a su vez me haría ser feliz y libre y me permitiría estar con mi hija. Mi deseo era lo suficientemente fuerte como para poner al Universo en movimiento.

Una vez que tienes un deseo, los engranajes empiezan a girar para hacerlo realidad. Los resultados, sin embargo, pueden llegar rápida o lentamente, y te mostraré lo que marca la diferencia entre estos dos desenlaces.

Antes he señalado que en aquel entonces no sabía que el resultado de mi deseo de cambiar mi vida se desarrollaría en una serie de acontecimientos que me llevarían a este preciso momento; a escribir este libro. Sin embargo, desde que me sumergí en la Ley de Atracción y la psicología de la fijación de objetivos, he encontrado una manera de obtener resultados más rápido.

Déjame compartir contigo la evolución de mis deseos:

1. Me quedé sentada en el coche, lloré a moco tendido y deseé ganar lo justo que me permitiera quedarme en casa. Mi deseo era ganar quinientas libras (¡por aquel entonces no era nada ambiciosa!).
2. Unas semanas más tarde, me llegó un correo electrónico con el asunto: «¿Quieres ganar quinientas libras más al mes?». Este fue uno de los primeros momentos en los que me di cuenta de que esto de la Ley de Atracción podía tener algún sentido. Acabé en un programa que me enseñaba a ganar veinte libras aquí y allá, aunque enseguida comprendí que eso nunca ayudaría a conseguir, ni financiar, la vida de mis sueños.
3. Monté un negocio de vestidos de novia en casa. Convencí a mi marido de que convirtiera una habitación libre en una *boutique* de vestidos de novia importados de China. Pronto me percaté de que la mayoría de las personas con las que hablaba no tenían ni idea de lo que les estaba pidiendo y acabé con una colección de vestidos de novia bastante cuestionable que no se parecía en nada a las fotos. (Si buscas un vestido de novia mal cortado, ligeramente rasposo y de color hueso, aún tengo uno guardado en el desván). Aprendí rápidamente que ese no era el negocio de mis sueños y lo dejé.

4. Tuve que volver a un trabajo que odiaba y a un jefe que, francamente, me trataba como a una mierda. *C'est la vie*. Necesitaba el dinero.

5. Por casualidad encontré un libro en la estantería de mi madre que me sentí obligada a leer: así fue como descubrí el *coaching*. Recuerdo con claridad que mi Alma se comunicó abiertamente conmigo poniéndome la piel de gallina. Sentí esa emoción dentro de mí que normalmente se conoce como «intuición». Más adelante hablaremos de ello.

6. Cuando solicité volver a la universidad para convertirme en *coach*, me quedé embarazada de mi segunda hija. Mientras estudiaba para obtener el certificado de posgrado, empecé a preocuparme de nuevo por mi situación económica. Debía coger la baja por maternidad y no quería pasarme otros nueve meses escatimando, así que expresé mi deseo de encontrar una solución.

7. Me llegó otro correo electrónico, esta vez ofreciendo consejos sobre cómo crear un negocio en Amazon dedicado a la venta de productos físicos.

8. Di un salto de fe mientras mi instinto me decía «sí, sí, sí». Esta es una parte integral del proceso que abordaremos en detalle más adelante.

9. Conseguí mis primeros ingresos de seis dígitos mediante un negocio en Amazon durante mi segunda baja por maternidad, pero seguía sin sentirme realizada. Guiándome de nuevo por mi instinto y por las señales del Universo, comencé con mi empresa de *coaching*. Y el resto es historia...

Como puedes ver, las cosas sucedieron; no de la noche a la mañana (en realidad, a lo largo de dos años), es cierto, pero sucedieron. El Universo conspiró para ayudarme y yo seguí las señales y di los saltos de fe que necesitaba. Esos estímulos vinieron de mi Alma, en la que empecé a confiar y a la que escuché a pesar de que mi Ego se opuso al proceso en todo momento. Mientras tanto, también me centraba en convertirme en la mejor versión de mí misma porque empezaba a comprender que esa nueva yo podía conseguir cualquier cosa. Y así comencé mi viaje espiritual... y me convertí en una auténtica relaciones públicas del Universo.

LAS REGLAS PARA FIJAR OBJETIVOS

No lo pienses, escríbelo

Tienes que elegir un gran objetivo para cada uno de los ocho caminos de la vida (consulta el ejercicio al final de este capítulo). Toma una decisión. Piensa en lo que realmente quieres y escríbelo. Los objetivos por escrito son mucho más potentes que los que simplemente flotan en el éter. Se convierten en algo concreto y físico. Muchos estudios han demostrado que las personas que escriben sus objetivos tienen una probabilidad diez veces mayor de alcanzarlos. Y al Universo le da igual que escribas en un diario con cubiertas de cuero con un bolígrafo de plata o en un pañuelo con ceras de colores. Toda escritura es ceremonial, te ayuda a cristalizar tus deseos y te proporciona un objeto físico a través del cual centrar tu atención.

La sinceridad es siempre la mejor política

También tienes que ser brutalmente sincero contigo mismo sobre lo que quieres. Si no estás alineado con el Universo, tu energía se disipará, se malgastará. Te dieron tus deseos por una razón; estaban destinados a ti. Léelo de nuevo. Cuando tienes un deseo es porque está destinado a ti. Si escribes que quieres ganar mil libras, pero en realidad deseas conseguir un millón, sé sincero. El Universo conoce tus deseos más profundos, así que puedes ser honesto y soñar a lo grande.

Tiene que parecer real

Escribe objetivos que, aunque supongan un gran reto, te resulten posibles de alcanzar. Si sientes que es algo completamente imposible, tu energía lo gritará a los cuatro vientos y nunca llegarás a conseguirlo. Si no crees que puedes y vas a manifestar aquello que deseas, entonces ni te molestes. Es tan simple como eso. Necesitas saber que puedes hacerlo y que vas a hacerlo. No hay lugar para la duda cuando se trata de comprometerse en serio con el Universo. ¿Acaso crees que tu mejor amigo, o tu mejor amiga, no vendría a consolarte con una caja de bombones y unos pañuelos si rompes con tu último ligue? Pues claro que sí. Tus amigos siempre estarán ahí para ti. Y el Universo también.

Si me hubiera fijado el objetivo de llegar a las cien mil libras en el primer mes de mi negocio, no habría sido capaz de formular un plan para conseguirlo, y es necesario ir a favor del Universo. No me estaba preparando para el éxito y, de hecho, habría fracasado. En aquel momento, apenas tenía un negocio. Cuando nos fijamos objetivos que nos parecen demasiado lejanos y no los alcanzamos, perdemos confianza, y la falta de confianza nos hace cuestionar nuestra propia competencia. Sabía que era posible ganar seis cifras en un mes porque había visto a otros hacerlo, pero no creía que fuera posible para mí... Al menos no todavía.

Así que empecé fijándome objetivos que me entusiasmaran pero que me parecieran alcanzables, y fui progresando. A continuación, elaboré un plan y obtuve mis primeras cien mil libras en el décimo mes. Tenía un plan y el Universo vino con todo y me ayudó a superarme. Me encantó que lo hiciera, y quiero que sepas que a ti también te echará una mano.

Pero recuerda: debes elaborar un plan para que esto suceda. Un deseo solo se materializa si pones tu energía y atención en él y luego permites que el Universo haga lo suyo para que todo se cumpla. Por desgracia, quedarte sentado comiendo galletas Oreo y viendo *Juego de tronos* no te va a llevar a conseguir tus objetivos, pero sí lo hará un plan de acción para ampliar tu negocio, perder peso o conocer a la persona adecuada.

Sé específico y exprésalo en presente

Al Universo le encantan los detalles jugosos. Ser específico permite que tu atención esté superconcentrada. Si quieres un coche, ¿qué modelo y qué marca? Si quieres pareja, ¿cómo sería? Una de las formas más significativas en las que nos privamos del éxito es al negarnos a dar con la respuesta exacta a lo que deseamos tener y para cuándo. Porque entonces no da tanto miedo. Y si fracasamos, podemos seguir soñando. O podemos decirnos a nosotros mismos: «Siempre me queda el año que viene».

Así que vuelve atrás y asegúrate de que tienes fechas escritas para todos estos objetivos. Ponte un día límite, pero no te martirices si no llegas. Ni tienes los plazos tatuados ni vas a arder de forma espontánea si no los cumples; solo están para orientarte. Yo me había puesto como objetivo conseguir un contrato para un libro en diciembre de 2017. No lo conseguí. ¿Me rendí o me martiricé por ello? De ninguna manera. Confié en que el Universo tenía un plan más significativo y me marqué otra fecha, otro punto de enfoque para mi energía, con toda la fe de que algún día este libro estaría en tus manos. ¿Y adivina qué? ¡Lo estás leyendo!

Los objetivos que se fijan en el futuro crean un vacío mental en el cerebro que se conoce como tensión estructural. Al fijar las cosas en el presente, se reduce la brecha y te permite creer que es posible. Y creer que es posible es precisamente la energía que necesitas para manifestar.

Así que escribe tus objetivos como si ya los hubieses alcanzado:

- **«Gano doscientas cincuenta mil libras al año».**
- **«Tengo un novio/novia increíble y me regala flores cada semana».**
- **«Peso cincuenta y siete kilos».**
- **«He batido el récord de comer la mayor cantidad de dónuts en un minuto».**

No me importa cuál sea tu objetivo, solo exprésalo como si ya hubiera ocurrido.

Ingeniería inversa

Llegado a este punto empiezas a planear cómo conseguir tus objetivos. Vale, aquí es donde la psicología y la espiritualidad entran en ligero conflicto y donde yo te voy a ayudar a que conectes con ambos.

Desde el punto de vista de la psicología pura y dura, los objetivos deben ser específicos, cuantificables y estar planificados a conciencia. Paso a paso. Un gurú espiritual te diría que te relajes, que confíes en el Universo y que te entregues a él. Yo me encuentro en ambos bandos, y esto es lo que te he dicho desde el principio: hay un lugar para la estrategia en la espiritualidad y para el guirigay en la psicología, y ese es el ingrediente secreto para vivir con éxito.

Por eso quiero que planifiques, que tu atención se centre en cada paso y que tengas en mente un resultado global. La mejor manera es aplicar una ingeniería inversa a tu objetivo y averiguar cuáles son los cinco pasos cruciales para alcanzarlo. Que no sean más de cinco.

Luego quiero que te dediques al proceso que te va a llevar hasta allí; así no caerás en el error de centrarte en la ausencia de tu deseo. Pero aquí es cuando aparece el *badass* espiritual que hay en mí y dice: «Sigue con el plan, pero que sepas que en cualquier momento el Universo puede hacer que te desvíes ligeramente o que te llegue antes de lo que esperabas».

Tuve una clienta que quería manifestar trescientos mil dólares para su negocio. Planificó y planificó y ejecutó y no consiguió los trescientos mil dólares para su negocio, pero inesperadamente heredó trescientos mil dólares. Consiguió el mismo resultado, pero a través de una ruta diferente. Y como su energía estaba concentrada en su propio plan, se sentía fluir y disfrutar y no tuvo tiempo de preocuparse por dónde vendrían esos trescientos mil dólares. Solo se limitó a tener fe en que llegarían.

La palabra que empieza por «F»

Una vez que tengas claros tus objetivos, tenemos que añadir un ingrediente especial que es esencial para tu éxito. Déjame ser clara: si miras la lista de objetivos que has escrito y no crees que sea posible, entonces te está faltando un ingrediente vital para ir tachando tu lista de objetivos uno a uno. En palabras del gran George Michael: «*Faith, faith, faith*». En el ejercicio «Mándalo todo a la mi*rda» te ayudaré a dividir cada objetivo en pasos y a marcar cada uno de ellos. Los objetivos parecen grandes y aterradores porque, en lugar de fijarte en el siguiente paso, acabas centrándote en la imagen global que tu cerebro no es capaz de asimilar. A medida que vas avanzando, fortaleces la fe y ganas la confianza necesaria para pasar a la siguiente etapa. A veces, la fe es una inversión para tu futuro.

Ten fe en tu poder para manifestar cualquier cosa que desees y llegará a ti. Debes creer en ti mismo y en el Universo. Debes sentir que esto es tuyo y que te lo mereces. De lo contrario, no lo vas a conseguir. Todo lo que tienes que hacer es decidir, establecer un propósito y tener un plan, mantener la fe y creer en ello. Da los pasos que te propongas, pero deja que el Universo se encargue del resto.

Comprueba que todos tus objetivos estén alineados con tu visión personal de la vida y que te lleven al resultado general que deseas para tu vida. Fortalecer la fe es primordial y, si estás atento, recibirás pequeñas señales del Universo para indicarte que estás en el buen camino.

Anota si ves que aparecen en tu vida cosas relacionadas con tu objetivo. Yo la llamo mi lista de evidencias porque es la prueba de que el Universo está trabajando en mi favor.

¡Diviértete, cariño!

Recuerda que debes disfrutar mientras persigues los objetivos que te has fijado: necesitamos asociar una emoción positiva al proceso. ¿Por qué? Porque entonces sintonizarás con UniversoFM y lo conseguirás mucho más rápido. Cuando te diviertes y prestas atención a lo que realmente quieres, el Universo orquestará un número infinito de eventos para materializar tus deseos. Siempre te va a cubrir las espaldas; ¡recuerda que es tu mejor amigo! Intención y atención son dos cómplices a la hora de manifestar.

Pero hay un detalle que muchos «manifestadores» no tienen en cuenta. Tu objetivo puede estar orientado al futuro, pero tu atención y energía deben permanecer en el presente. Si piensas continuamente en la ausencia de lo que intentas manifestar, tu energía habrá cambiado y, de hecho, estarás alejando aquello que deseas. Por eso tenemos que aprender a ser realmente muy conscientes.

Espera lo inesperado

A veces, el Universo te entregará algo ligeramente diferente de lo que querías en un principio. A veces te preguntarás por qué el resultado es diferente, pero tienes que confiar en que, si sigues los pasos de este libro, limpias tu energía y elevas tu vibración, el Universo solo te traerá grandes cosas. Puede que el resultado sea distinto, pero será mejor de lo que tu condicionada mente había concebido en un principio.

También significa que tienes que estar abierto a la oportunidad y desapegado del resultado. Sigues teniendo la intención de ir en una dirección concreta (tu objetivo). Sin embargo, entre el punto A y el punto B hay una infinidad de posibilidades. Cuando tienes en cuenta la incertidumbre, aceptas la realidad de que las cosas pueden cambiar de dirección en cualquier momento si encuentras algo más emocionante.

Así que ser específico te permite centrar tu atención, pero también aceptar la flexibilidad de que el Universo pueda sorprenderte con algo todavía más asombroso.

LA HISTORIA DE EMMA

Emma concentra toda su energía en crear un negocio de éxito y está ganando más dinero que nunca. El problema es que no puede disfrutarlo porque su marido discute constantemente con ella porque apenas la ve. A causa de estos enfrentamientos, Emma se consuela comiendo chocolate todos los días, por lo que sube de peso, y cuando se mira al espejo se siente fatal. Cada vez que sus amigas le piden que salga con ellas, pone excusas porque cree que todo le queda mal y se siente mal con su cuerpo. Como se queda encerrada en casa, se siente frustrada y se desquita con sus hijos.

Hay ocho áreas en las que debes centrarte para crear un éxito equilibrado en tu vida. Muchas personas ponen toda su energía en mejorar una parte de su vida y descuidan las otras. Por eso creo, de todo corazón, que hay tanta gente que no se siente realizada.

Cuando me centré y me comprometí a mejorar mi vida en todos los aspectos, empezó a ocurrir la verdadera magia. Estaba tan ocupada e implicada en crear la mejor versión de mí misma que no tenía tiempo para preocuparme ni compararme con nadie a mi alrededor.

LA HISTORIA DE HARRY

Harry ha conseguido un ascenso en su trabajo, pero eso implica viajar mucho y sus hábitos alimenticios y su salud han pasado a un segundo plano. Antes solía trabajar como voluntario en la iglesia, lo que le daba una sensación de realización, pero ahora está tan cansado que lo único que quiere hacer el fin de semana es sentarse en el sofá y ver Netflix. Lleva años queriendo conocer a su media naranja, pero tiene poca energía por culpa de los malos hábitos alimenticios y su vida social se resiente.

LA HISTORIA DE CLAIRE

Claire es toda una mariposa social. Le encantan las fiestas y tiene muchos amigos, pero se siente perdida en el ámbito profesional. Pasa la mayor parte del tiempo con resaca y va a su trabajo con el piloto automático, pero acaba gastándose el dinero en ropa para estar lista para su próxima noche de fiesta. No tiene nada ahorrado y en el fondo quiere dejar su trabajo y montar su propio negocio, pero no sabe cómo y le preocupa que si no tiene el dinero de su trabajo perderá su vida social, que es lo único que la hace feliz (o eso cree). Después de todo lo que gasta, no puede permitirse apuntarse a un gimnasio, así que no hace mucho ejercicio.

Como puedes ver en estas historias, todas las partes de nuestras vidas están inextricablemente unidas y tienen un impacto las unas en las otras. Por eso, para ser realmente felices, debemos fijarnos objetivos ambiciosos en todos los ámbitos de nuestra vida y comprometernos a crecer de forma equilibrada.

¿LISTO PARA LOS SIGUIENTES PASOS?

Una vez que tienes una idea clara de los objetivos que deseas establecer en cada área de tu vida, también tienes la claridad sobre tu dirección y sabes lo que deseas, que es el combustible que necesitas para pasar a la acción.

- **Ejecuta el plan.**
- **Pasa a la acción y deja que el Universo se encargue del resto.**

Recuerda que el Universo te da tanto la tierra como la semilla (energía e información), pero de ti depende llevar a cabo el ejercicio diario de trabajar en el campo (atención), así como mantener la fe (intención) en que un día la semilla crecerá hasta convertirse en ese maduro tomate rojo (la manifestación de tus deseos). Confía en que, cuando las cosas no parecen ir como tú quieres, hay una razón detrás que escapa a tu comprensión. Siempre hay un momento y un lugar para canalizar a la Elsa que llevas dentro, así que simplemente «suéltalo».

Haz exactamente lo que harías si lo estuvieras consiguiendo hoy, y lleva a cabo acciones en tu vida que reflejen esa fuerte expectativa y ese deseo. Tienes que darles espacio y comprender que las expectativas son una fuerza muy poderosa. Profundizaremos en este tema más adelante.

PUNTOS FUNDAMENTALES

- Para ser exitoso necesitas saber hacia dónde vas.
- Aunque no veas el camino exacto, solo tienes que saber cómo quieres sentirte. Ten claro cuál es tu vida ideal y qué aspecto tiene.
- Escribe objetivos en las ocho áreas de tu vida. Si estás focalizado en convertirte en la mejor versión de ti mismo, conseguir lo que deseas será un millón de veces más fácil. Recuerda que, si no está escrito, seguirá siendo una idea, aire.
- Planifica, planifica, planifica. Aun así, acepta el hecho de que todo puede cambiar.
- Implementa una rutina diaria de fijación de objetivos. Aquí es donde ocurre la magia.

EQUILIBRA ESOS OBJETIVOS TAN *BADASS*

Hay ocho áreas de la vida en las que deberías marcar tus objetivos. Si te centras en todas y vas acumulando objetivos a lo largo del año, el efecto combinado repercutirá en toda tu vida. Si pudieras mejorar en todo, aunque solo fuera poco a poco, mes a mes, al final del año tu vida sería drásticamente diferente.

Las áreas son:

- Espiritual (tu conexión con el Universo/Dios, sea lo que sea).
- Emocional (tu relación con tu familia/pareja/hijos).
- Física (tu salud física).
- Mental (tu aprendizaje y desarrollo mental).
- Social (tus amistades y tu comunidad).
- Caritativa (cuánto y cómo das a los demás más allá de ti mismo).
- Vocacional (a qué te dedicas para ganarte la vida).
- Económica (tu relación con el dinero y cómo construyes tu riqueza).

Márcate objetivos a doce meses vista en cada una de estas áreas. A continuación, haz ingeniería inversa con los objetivos y divídelos en no más de cinco pasos clave. Puedes tener varios objetivos, pero intenta no tener más de tres en cada área, de lo contrario puede acabar abrumándote. La razón por la que nos centramos en todas las áreas de la vida es para poder mantener un equilibrio.

Aunque la vida sería realmente increíble incluso si consiguieras el éxito en una o dos áreas, piensa en lo increíble que sería si mejoraras en todas las áreas enumeradas anteriormente. ¿Cómo te sentirías si al cabo de un año descubrieras que tu salud, tu riqueza, tus relaciones y tu vocación han mejorado? Sería épico, ¿verdad?

Descarga una versión ampliada de este ejercicio de fijación de objetivos en mi página web: www.noorhibbert.com/book.

CUATRO

DI ADIÓS A LA COMPARACIÓN

Focalízate tanto en crear tu propio éxito que ni siquiera te importe lo que hacen los demás.

Me alegra que hayas dedicado tiempo a fijarte en tus grandes objetivos y en lo que imaginas para tu vida. Ahora tienes que hacerlo realidad. Con el fin de ir a por esas grandes metas tan aterradoras, tienes que ser totalmente consciente de dónde vienes, qué te ha estado impulsando y qué no te está funcionando. Es hora de crear activamente la mejor versión de ti mismo, desde el punto de vista espiritual, emocional y mental, para que te lances a por ello.

Una mujer maravillosa que empezó a trabajar conmigo me dijo que yo representaba todo aquello en lo que ella no creía, pero también se dio cuenta de que, tras cuarenta y tres años haciendo las cosas «a su manera» y sin alcanzar realmente el nivel de realización que deseaba, había llegado el momento de cambiar. Se necesita valor para admitir que tu vida no es tan bonita ni tan perfecta como la que con tanta diligencia has intentado mostrar en las redes sociales, pero aún más para decidir cambiarla.

Entendí de dónde venía porque, unos años antes, yo había estado exactamente en ese punto y fue el viaje de concienciación lo que me abrió los ojos y me ayudó a reconstruirme. Solo estoy hipotizando que no te sientes bien con lo que la vida te ofrece y que no dejas de mirar fotos perfectamente retocadas en Instagram, preguntándote cómo demonios el resto sí lo ha conseguido. Puede que pases horas pensando por qué no estás ganando tanto como ellos, por qué pasas de una relación infeliz a otra, o por qué dedicas tanto tiempo a una batalla interminable con tu cuerpo cuando todo el mundo en las redes sociales está aparentemente ocupado haciendo exactamente lo contrario y compartiéndolo para que tú lo veas: #selfie. Tanto si se trata de una de esas cosas como de todas ellas, te escucho, te veo y te entiendo.

LA CONSPIRACIÓN DE LA COMPARACIÓN

Me he dado cuenta de que, en realidad, no creo que fuera la curiosidad la que mató al gato. Te voy a contar cuál creo que es la verdadera historia. Un día, una gata preciosa vino al mundo. Feliz, despreocupada y llena de alegría, estaba destinada a ser una gatita perfecta. En cierto momento empezó a ver a los demás gatos, unos con pelajes de otros colores, algunos mejores cazando ratones y otros que recibían más cariño de sus dueños. Entonces sucedió algo que cambiaría para siempre su camino; por primera vez se preguntó a sí misma: «¿Qué es lo que me pasa?». Cargó con el peso de no estar a la altura de los demás gatos, lo que le provocó cierta depresión felina y se cansó tanto de sentirse frustrada por no tener la vida perfecta de los demás que se dio por vencida. Querido, no fue la curiosidad, sino la comparación, lo que mató al gato.

Quiero que pienses en las veces que has intentado salir adelante, ser mejor que los demás, llegar el primero, sacar las mejores notas, ir a la mejor universidad, trabajar para la empresa más exitosa, conducir el coche más llamativo, comprar la casa más grande o conseguir el mayor amor.

¿Contra quién competías? ¿Quién fijaba tus expectativas? ¿En qué momento de tu vida te dijiste: «Ella es mejor que yo», «¿Cómo ha podido triunfar tan rápido?» o «¿Por qué es más guapa y más delgada?»? Tal vez te sorprendas a ti mismo comparando tu matrimonio, tus hijos, tu negocio o tu cuerpo con los de otras personas. ¿En qué aspectos de tu vida no ves oportunidades para tu propio crecimiento personal porque estás tan absorto en los éxitos de los demás?

Parece una locura que vayamos por la vida a la altura, o por debajo, de las expectativas de los demás, pero eso es exactamente lo que estamos condicionados a hacer desde el momento del parto al sonido de una suave respiración o, en el caso de mis dos primeras hijas, un aluvión de improperios (cuando nació mi tercera hija, a la que di a luz en el sofá de mi casa, estaba tranquilísima, pero esa es otra historia).

Cuando somos bebés, no miramos a otros bebés y pensamos: «Mierda, ese tío ha empezado a andar; soy un fracaso total y absoluto». Esos parámetros imaginarios que utilizamos de forma inconsciente para compararnos nos los imponen realmente nuestros padres, profesores y la sociedad en general a medida que vamos creciendo. El colegio es una carrera para ver quién es el más listo, el más atlético o el protagonista de la obra de fin de curso. A medida que nos hacemos mayores, en el trabajo es quién es el favorito del jefe, quién consigue el ascenso y a quién besa en la fiesta de Navidad el nuevo bombón de la oficina.

Sin darnos cuenta, nos lanzamos a la cinta transportadora de las comparaciones de la vida que no hace más que dar vueltas y más vueltas, mareándonos con la constante sensación de que no somos lo bastante buenos o de que no estamos donde deberíamos estar para el lugar que ocupamos en la vida. Esto crea la sensación de no llegar nunca a ese destino esquivo en el que todo va a ser simplemente «perfecto». Este sentimiento hace que tu energía se estanque, cosa que en absoluto conduce al éxito o a la manifestación. La realidad es que, en cada parte de nuestras vidas, existe la posibilidad de sentir que hemos fracasado. Y cuando esto comienza a acumularse con el tiempo, lo que nos queda es un sistema de creencias totalmente falso, pero profundamente arraigado, sobre quiénes somos en el fondo, que luego determina cómo vamos a continuar en el futuro. Por eso, en el capítulo anterior te pedí que te centraras en lo que realmente quieres en tu vida, no en lo que piensas que quieres porque todo el mundo lo tiene.

Era el invierno de 2005 y estaba preparada para otra noche de juerga y alcohol con mis mejores amigas, pero mientras las mirabas poniéndose sus preciosos vestidos ajustados y maquillándose una piel perfecta y limpia, me invadió una sensación familiar. Al examinar mi cuerpo redondo y aplicarme una capa de maquillaje de diez centímetros de grosor en la cara para cubrir las nuevas manchas que me habían aparecido, sentí rabia, envidia y tristeza. Me sentía gorda y fea, y eso no era justo. Recuerdo con toda claridad que me tiré al suelo hecha un mar de lágrimas y me sentí físicamente enferma, e incluso me desprecié a mí misma por ser un desastre. El caso es que no tenía sobrepeso, pero, en comparación con mis amigas, me sentía enorme.

Si afrontas así la vida, estás abocado al fracaso en lugar de al éxito, porque si estás siempre pendiente de que a los demás les va mejor, se ven mejor o son mejores, siempre te parecerá que es así. En psicología, esto se llama «sesgo de confirmación». Y para aquellos que sufren de baja autoestima, cada vez que hacemos comparaciones alimentamos a ese molesto Ego con más munición y seguirá hablando hasta que todo ese discurso negativo nos lleve a una espiral descendente hacia la depresión. De lo que no me di cuenta cuando tenía veinte años era de que tenía la elección de cambiar todo lo que no me gustaba de mí misma. Pero estaba tan absorta en mi propia mentalidad de víctima que no podía ver la posibilidad o la oportunidad de mi propio crecimiento. En vez de eso, ahogaba mis penas en chupitos de tequila barato que vomitaba a la mañana siguiente. Muy sexi.

Desde una perspectiva psicológica, se dice que hacemos comparaciones como forma de evaluarnos a nosotros mismos, lo que a su vez permite a nuestro cerebro desarrollar una comprensión de quiénes somos, qué se nos da bien y qué se nos da fatal. Esto ocurre tanto consciente como inconscientemente. Luego está el mundo cada vez más amplio de las redes sociales, que no hace más que echar gasolina al fuego de la comparación. Las redes sociales han aumentado masivamente la información de la gente a la que estamos expuestos y obligan a nuestras mentes a procesarla en el tren de camino al trabajo, mientras hacemos pis o estamos tumbados en la cama a las dos de la mañana. En vez de mirar solamente a nuestras mejores amigas, ahora tenemos al mundo entero para compararnos, y es demasiado fácil contrastar nuestra realidad cotidiana con la realidad retocada y los filtros de otra persona.

El problema es que, como seres humanos, nos fijamos en lo que ocurre fuera antes de decidir cómo nos sentimos por dentro, y esto es algo de lo que quiero que seas consciente y empieces a cambiar, ya que te liberará de las garras de la comparación que te oprime y te impide vivir la vida con la que sueñas. Cuando miras las noticias en el móvil y te ves sometido a un bombardeo de imágenes que solo sirven para recordar dónde no estás, lo único que consigues es crear más negatividad en tu mente. Al mostrarte los «momentos destacados» de la vida de otras personas, se amplifican los miedos, las presiones y las inseguridades.

Si te comparas constantemente con los demás, ¿cómo vas a poder saber realmente lo que quieres o ser verdaderamente feliz con lo que tienes? Si estás en una búsqueda perpetua para mantenerte al día con los Jones, los Smith y las Kardashian, te niegas a ti mismo el regalo de aprovechar el poder de encontrar tu verdadero propósito y vivir una vida que te haga feliz. Además, si te obsesionas con lo que tienen los demás, puedes caer en la tentación de pensar que eso es lo que tú quieres.

ASÍ PUES, ¿QUÉ SE SIENTE AL MIRAR AL OTRO LADO?

¿Qué tal si apartas la mirada del mundo exterior y empiezas a mirar hacia dentro, hacia tu Alma? Está ahí para guiarte en cada paso del camino hacia el destino exacto al que te has propuesto llegar. Sin embargo, para escucharla, necesitas callar el ruido. ¿No sería liberador poder ignorar los éxitos o fracasos de los demás para centrarte por completo en ti: aprender más, amar más y crecer más hasta convertirte en la versión más increíble de ti mismo?

¿Cómo sería ser totalmente dueño de tu vida en todo su esplendor y centrarte en tu mayor transformación? Al hacerlo, aprovechas el poder del potencial que yace puro en tu interior, pero que aún no has utilizado. Centrarte en los demás agota tu energía, lo cual te convierte en un lastre de la manifestación. Obsesionarte con tu propio crecimiento personal, en vez de con tu crecimiento personal en relación con los demás, desbloqueará la magia en tu vida y desatará tu poder de manifestación. Focalízate tanto en crear tu propio éxito que ni siquiera te importe lo que hacen los demás.

Por supuesto, medirse con los demás es un *modus operandi* de la mente humana y, en cierto modo, puede ser útil si controlamos nuestros pensamientos. La inspiración que te dan los logros de los demás puede empujarte a mejorar tu propia vida. Sé que cuando veo a alguien presumir de tener un culo estupendo en el gimnasio me siento más motivada para hacer lo mismo. ¿Qué se sentirá al inspirarse en los éxitos de los demás y saber que si es posible para ellos, también lo es para ti?

Yo tomé la decisión premeditada de ser totalmente consciente de lo que sentía cuando me comparaba con los demás. Cuando sentí a ese pequeño monstruo de ojos verdes asomando diabólicamente sobre mi hombro, utilicé ese sentimiento para impulsarme a hacerlo mejor. Llegué a darme cuenta de que, si sentía envidia, quería decir que yo también deseaba esa cosa. Ya fueran fotos de abdominales tonificados, de una piña colada en la playa o de una pareja feliz, acepté que esos eran mis deseos y me propuse conseguirlos. Creo firmemente que si hay un deseo dentro de nosotros, está hecho para nosotros. Usa tu envidia como catalizador para el crecimiento personal.

Es hora de poner a cero el marcador.

Hay varias formas bastante obvias de deshacerse de esa sensación de inadecuación que a menudo despiertan las redes sociales. Puedes dejar de usarlas (sí, lo he dicho) y embarcarte en tu viaje de autodescubrimiento y genialidad, borrando aplicaciones o incluso desactivando cuentas. Puedes hacer limpieza total de tu lista de amigos y deshacerte de los que te despiertan sentimientos negativos mientras trabajas en ti hasta llegar a un punto en el que ya nada te afecte.

Por último, la mejor protección contra la temida sensación de resaca que provoca la comparación –y la mejor forma de salir de ella– es desarrollar y mantener un sentido estable de uno mismo. Eso significa centrarte en el crecimiento de tu identidad y autoestima, dar energía a un grupo selecto de personas que entiendan tu verdadero yo y mantenerte alineado con tus creencias y valores. Básicamente, se trata de ser dueño de ti mismo y estar orgulloso de la persona que eres en la vida real, no de la que aparentas ser en Instagram.

CLÍNICAS PARA LA RESACA DE LA COMPARACIÓN

Pues sí, los australianos son un pueblo bastante ingenioso. Hace poco descubrí en un viaje a Sídney que tienen clínicas para la resaca. Llegas con ganas de morirte porque tu cerebro se ha convertido en un puré de patatas por culpa de una ecléctica mezcla de alcoholes. Te conectan a un gotero y, treinta minutos después, *voilà*, eres una persona nueva. Pues bien, quiero que imagines que ha llegado el momento de que te conectes al gotero para desintoxicarte de la comparación.

El primer paso para manifestar todo lo que deseas en tu vida es deshacerte de la creencia de que estás en algún tipo de competencia con el mundo exterior. En vez de eso, empieza a mirar hacia dentro, hacia tu Alma y la guía que te ofrece. Cuando miras hacia fuera en busca de validación, aceptación o compensación, renuncias a tu poder. Aférrate a tu poder al decidir que a partir de hoy vas a ser dueño de tu viaje y de tu vida y vas a tomar la decisión, de corazón, de establecer tus propias expectativas en lugar de vivir de acuerdo con las que te han impuesto durante toda tu vida. Toma la valiente decisión de que ya no vas a permitirte sentir el dolor del progreso de otra persona al compararlo con el tuyo.

En cuanto lo hagas, todos los sentimientos de envidia, miedo, ansiedad e ira empezarán a disiparse. Todo gira en torno a ti y a tu viaje interior. Empezarás a alinearte con el Universo y a atraer a personas que están en el mismo viaje que tú, y por ello empezarás a celebrar y a inspirarte en los éxitos de los demás. A medida que cambias tu mundo interior, el mundo exterior que te rodea también lo hace. A medida que creces hacia una mejor versión de ti mismo, empiezas a manifestar las cosas más increíbles del mundo.

Debes convencerte de que puedes aprender de tus éxitos y tus fracasos, pero que estos no determinan tu valor. Decide que lo que eres ya no lo definen ni lo que tienes ni lo que has conseguido, sino quién eres en lo más profundo de ti: un ser humano increíble con todo el potencial necesario para crear lo que desees. Debes saber que, mientras sigas mejorando cada día en todos los aspectos de tu vida, estarás exactamente donde tienes que estar. Si no has hecho el ejercicio del capítulo 3, vuelve atrás y hazlo ahora. Esto sentará las bases para que estés supercentrado en ti.

Una forma increíble de permitir que ese gotero para la resaca de la comparación haga su magia de forma gradual es ser agradecido todos los días y apreciar dónde estás en tu vida y todo lo bueno que hay en ella. La gente feliz se utiliza a sí misma para evaluarse de manera interna, y quiero que empieces a hacerlo. En lugar de compararte con los demás, simplemente compárate con versiones anteriores de ti mismo. Mirar de dónde vienes en relación contigo y solo contigo es mucho más empoderador.

PUNTOS FUNDAMENTALES

- La comparación mató al gato, no la curiosidad.
- Cuando estás absorto en los éxitos de los demás, pierdes de vista las oportunidades para tu propio crecimiento personal.
- En lugar de mirar hacia fuera en busca de validación, mira hacia dentro.
- Si las redes sociales hacen que caigas en la trampa de la comparación, deja de usarlas.
- Tu viaje es solo tuyo; solo busca ser mejor de lo que eras ayer.

QUE LE JODAN AL FRACASO

Este ejercicio consiste en averiguar quién está fijando tus estándares y dónde estás sufriendo la resaca de la comparación.

Considera por un momento todas las áreas de la vida en las que sientes que has «fracasado» ahora mismo o que podrías estar haciéndolo mejor.

- ¿Podrías o deberías estar en mejor forma?
- ¿Podrías o deberías tener más amor en tu vida?
- ¿Podría o debería tu situación económica ser mejor de lo que es?
- ¿Podrías o deberías tener mejores amistades?
- ¿Podría o debería tu negocio ir mejor de lo que va?
- ¿Podrías o deberías contribuir más para ayudar al mundo?

De estos, anota en un papel los tres principales fracasos que has identificado como tuyos.

Ahora tienes una lista de tres cosas en las que crees haber fallado.

A continuación, quiero que te pares a pensar según qué criterios has fracasado. Profundiza e intenta descubrir quién o qué ha sido tu titiritero hasta ahora.

- ¿Son las revistas y los programas de televisión?
- ¿Son tus padres o tus hermanos?
- ¿Son tus amigos?

En realidad, ¿cómo has llegado a la conclusión de que donde estás es signo de haber fracasado, en lugar de ser simplemente el lugar de la vida en el que necesitas estar ahora mismo para poder avanzar a la siguiente fase?

¿Quién ha decidido que tu estado actual es un fracaso?

Ahora echa la vista atrás para ver de dónde vienes:

- ¿Dónde empezaste?
- ¿Cómo te has convertido en la increíble persona que eres hoy?

Piensa en las oportunidades de crecimiento que te presenta ahora mismo el fracaso y en los beneficios futuros que este crecimiento tendrá en tu vida.

Haz que este sea tu nuevo mantra: «Estoy exactamente donde tengo que estar y sé exactamente adónde tengo que ir. Este es mi viaje y lo amaré por completo».

CINCO

IGNORA LAS TONTERÍAS

Para afrontar la vida con valentía debes saber qué pensamientos te han estado frenando.

Juguemos al escondite. Pero en esta versión necesitamos encontrar las narrativas que te has estado contando a ti mismo (consciente e inconscientemente) una y otra vez y que te están impidiendo alcanzar tus objetivos. Si has estado intentando cambiar algo en tu vida y, por alguna razón, sigues luchando por conseguirlo, es porque hay una narrativa interna que se interpone en tu camino.

Al igual que las malas hierbas, que impiden que en tu jardín crezcan maravillas, debes desenterrar las creencias que te limitan y prestar atención a cualquier narrativa inútil que pueda estar impidiendo que cumplas tus deseos. Como en mi juego de cartas favorito, a todas les vamos a gritar lo siguiente: «¡Tonterías!». Pero no es que sean una chorrada por haber ocurrido, sino porque todavía te impiden alcanzar la grandeza. ¿Estás conmigo?

Cuando descubres lo que se esconde detrás de tus pensamientos conscientes y, además, abrazas la vergüenza, la culpa, el resentimiento y todo aquello que no has procesado, te abres a un futuro inspirador. Las viejas narrativas que no conducen al éxito y que empezaron a formarse en la infancia oponen resistencia a lo que quieres.

Aunque puedas desear algo de forma consciente, es probable que bajo la superficie de ese deseo haya creencias y emociones que estén en total conflicto con tu sueño. Para afrontar la vida con valentía debes saber qué pensamientos te han estado frenando. Tienes que sacar una pala grande y todopoderosa y empezar a cavar. Respira hondo: vamos a llegar hasta el fondo.

La verdad es que los únicos obstáculos que te separan de la vida que deseas son tus pensamientos. Hasta ahora, has sido «creado automáticamente» y la programación automática que te creó es muy probable que no estuviera configurada para sacar lo mejor de ti. Se ha formateado sin que fueras consciente de ello, como resultado del condicionamiento, el modelado y los sentimientos que has vinculado a las experiencias por las que has pasado. Tus pensamientos no te pertenecen. Existen solo porque tu cerebro se limita a procesar todos los datos y a extraer lo que siente que es relevante. Tú solo eres el pensador, pero los pensamientos no son tú. Ahora bien, tus pensamientos determinan cómo te sientes y los sentimientos determinan tus acciones.

Los sentimientos prevalecen sobre la lógica. Tus recuerdos y creencias sobre determinadas situaciones influyen en todo lo que haces. Necesitas cambiar a una marcha manual y tomar el control. Ser consciente de las narrativas negativas que has construido sobre ti mismo y de cómo pueden haberte frenado es lo que te libera y te devuelve las riendas de tu propia vida.

¿NO BASTA CON UTILIZAR LA LEY DE ATRACCIÓN?

Tal vez pongas en duda que el Universo sea tan poderoso como digo y te preguntes si basta con tener un pensamiento positivo y un *vision board*. La respuesta es no. Si fuera así, este libro no habría tenido en cuenta la psicología. No puedes quedarte sentado todo el día haciendo afirmaciones, fijándote objetivos, dedicando horas a recortar cuidadosamente fotos de playas inmaculadas y coches deportivos para pegarlas en tu *vision board* si lo que te dices a ti mismo entra en conflicto con tus deseos. Esta es una forma segura de acabar en el limbo de la manifestación.

Si quieres manifestar la relación de tus sueños, pero en el fondo (como parte de tu identidad) has creado una poderosa narrativa según la cual no mereces amor (porque, por ejemplo, tu padre nunca te dio cariño cuando eras pequeño), puedes darle todas las vueltas que quieras, pero seguirás teniendo problemas para encontrar a la persona perfecta. Esto se debe a que, en realidad, no crees ser merecedor del amor, por lo que, inconscientemente, transmites esa energía al Universo. Los *daddy issues* existen.

Si estás tratando de abrir un negocio de un millón de dólares y tienes un *vision board* adornado con billetes y, sin embargo, en el fondo crees que ser rico haría que te convirtieses en un imbécil, entonces vas a sabotear tus objetivos de negocio subconscientemente. Nuestros cerebros están diseñados para mantenernos a salvo y, como el amor y la seguridad son nuestros principales motores humanos, cualquier cosa que los ponga en peligro hará que nos saboteemos a nosotros mismos.

Por lo tanto, es indispensable que entiendas que la Ley de Atracción recoge las vibraciones negativas que contienen tus narrativas y que luego bloquean el resultado positivo que estás tratando de lograr. Para desbloquear esos resultados, tienes que liberarte de estas tonterías, cambiar la energía y creer que puedes conseguir lo que quieres de verdad. Tus narrativas y tus objetivos tienen que estar alineados. ¿Ha quedado claro?

Así que, para asegurarnos de que nuestra energía está totalmente alineada en cocreación con el Universo, tenemos que descubrir cuáles son esas narrativas. Una vez que las hemos identificado como «tonterías», ya no pueden funcionar con tanto poder en nuestro subconsciente. La toma de conciencia debilita la fortaleza de las narrativas, lo que te permite vibrar energéticamente con tus objetivos.

ES HORA DE EXCAVAR EL ALMA

Hay algunos pasos que debes dar para arrancar esas malas hierbas. A mí me gusta llamarlo «excavación del Alma», y es un proceso necesario para descubrir tu yo más poderoso. Los pasos son:

1. **Comprender cuáles son tus narrativas.**
2. **Reconocer de dónde vienen.**
3. **Identificarlas como «tonterías».**
4. **Cambiarlas.**
5. **Crear una nueva identidad propia que se corresponda con las nuevas narrativas que vas a crear.**

Con el fin de explorar estas ideas, voy a utilizar el dinero y las creencias en torno al dinero –nuestras «narrativas sobre el dinero»– como ejemplo principal. También hay narrativas sobre el cuerpo, las relaciones y la familia, pero hoy nos centraremos en esta. Aunque la gente te diga que el dinero no da la felicidad, sí da libertad y, utilizado de la forma adecuada, puede usarse como vehículo para la felicidad. Si miras tu lista de objetivos, apuesto a que la mayoría de ellos requieren financiación.

Al haber crecido en un hogar religioso, mi padre tenía fuertes creencias sobre el dinero. Siempre nos inculcó la necesidad de donar a la caridad y tenía opiniones todavía más firmes sobre los «ricos corruptos». Incluso hoy en día hace comentarios sobre la avaricia de los más adinerados. De lo que no me di cuenta es de que yo también empecé a adoptar sus creencias.

Mi cabeza sumó dos más dos y creó la narrativa de que ser rico me haría avariciosa. Como mi padre (a quien quiero mucho) odia a la gente adinerada, la narrativa que había dentro de mí me decía que, si generaba riqueza, mi padre me odiaría. Por lo tanto, no ser rica era en realidad una opción más segura, en el sentido de que seguiría siendo querida. Como he explicado antes, como humanos, nuestro mayor motor es el amor. Todos queremos ser amados y sentirnos seguros, así que, cuando sentimos que algo puede poner eso en peligro, lo frenamos. En mi caso se trataba de la riqueza: como ves, aquí dos más dos es igual a ser pobre.

LA HISTORIA DE JESSICA

Jessica veía a su padre trabajar veinticuatro horas al día, siete días a la semana y, a pesar de ser un hombre rico y de éxito, se sentía desgraciado. Su narrativa relacionaba riqueza y estrés. Por eso siempre estaba en números rojos, porque para ella la riqueza no equivalía a la felicidad.

LA HISTORIA DE EMMA

Emma veía a su madre trabajar duro en su propio negocio y eso implicaba que Emma y sus hermanos estuvieran al cuidado de las abuelas. Más tarde, cuando fue madre, se encontró con dificultades económicas. Descubrimos que tenía la creencia arraigada de que, si hubiese tenido éxito, habría descuidado a sus hijos. Estaba en bancarrota para ser una buena madre.

LA HISTORIA DE AARON

El negocio de Aaron iba muy bien. Su éxito y sus ingresos crecían, pero también lo hacía su sentimiento de culpa hasta el punto de sentirse obligado a dar dinero a sus amigos y familiares. A medida que profundizábamos en su particular narrativa con el dinero, se dio cuenta de que su padre siempre había hecho exactamente lo mismo, ya que él procedía de un entorno pobre y tenía unos fuertes valores en lo que se refiere a apoyar económicamente a los seres queridos. Aaron adoptó estas creencias y empezó a actuar de la misma manera, aunque no fuera una decisión consciente.

Como puedes ver en los ejemplos anteriores, nuestras narrativas sobre el dinero son poderosas y también irracionales.

También las aprendemos de nuestros queridos padres y de las personas más cercanas a nosotros a medida que crecemos y, en su mayor parte, se crean e incrustan en nuestra psique cuando somos niños. Todos tenemos alguna ecuación sesgada en la mente que nos impide hacernos ricos. A veces, es más fácil decirnos a nosotros mismos que «ser ricos» nos volvería malvados, así que no hacemos el esfuerzo de empezar un nuevo negocio que nos podría llenar a un nivel más profundo. Nuestras narrativas negativas sirven para mantenernos «a salvo», aunque nos asfixien y nos alejen de nuestro verdadero potencial.

La realidad, sin embargo, es que el dinero es neutral. No es más que un tipo de energía y por eso se suele emplear el término *currency* para hablar de él. En cierto sentido, en realidad no existe. El papel que tienes en la mano y que representa un billete de cinco, diez o cincuenta libras no es más que el valor que representa ese trozo de papel. El papel en sí carece de valor. Es lo que nosotros le atribuimos lo que importa. Cuando accedemos a un banco *online* solo vemos números en una pantalla y, sin embargo, los números tienen el poder de inducir miedo y ansiedad o, por el contrario, felicidad. Todas estas reacciones son el resultado de lo que piensas y crees sobre el dinero, por eso es importante que te acerques a tu propia narrativa sobre él.

EMPECEMOS A EXCAVAR

Aquí tienes un ejercicio. Quiero que cojas un bolígrafo y vayas a la sección de notas al final de este libro. Quiero que escribas tu sueldo anual ideal. Una vez que lo hayas hecho, quiero que mires el papel, cojas el bolígrafo y añadas un cero al final.

¿Lo tienes?

Ahora, mira la nueva cifra. Si ahora te dijera que tienes que ganar esa cantidad este año, ¿qué es lo que se te ocurre? ¿Qué sientes y piensas al mirar esa cifra?

Escríbelo todo en esa misma página. Cualquier cosa, por estúpida o pequeña que sea.

Tienes delante el conjunto de creencias que te has formado y este es un gran punto de partida para desenterrar tus narrativas sobre el dinero. Han estado produciendo límites falsos en tu potencial de ingresos y es hora de averiguar de dónde vienen.

TIENES QUE MATAR AL MENSAJERO

No me importa quién dijo que no lo hiciéramos, pero te lo digo alto y claro: es hora de matar al mensajero. Tienes que averiguar de dónde vienen tus creencias y luego, metafóricamente, por supuesto, matar a la persona que te las transmitió. La razón es que esa narrativa no te pertenece. Pertenecía a otra persona que te la dio amablemente y ahora está comprometiendo tu capacidad de manifestación. Tan pronto reconozcas que no viniste a este mundo con esa narrativa, podrás comenzar el proceso de dejarla ir.

Tal vez, en el ejercicio anterior, escribiste cosas como:

- «No soy lo suficientemente inteligente como para ganar tanto dinero».
- «No tengo ni idea de cómo ganar tanto dinero».
- «No quiero ni necesito tanto dinero».

Ve un paso más allá: cuestiónate todas las razones por las que no podrías ganar ese dinero con ese cero de más. Quizá pienses que tu familia te juzgaría, que tus amigos querrían parte de él o te asustarían todos los impuestos adicionales. La razón por la que averiguar estas cosas es tan importante es porque son esas narrativas las que actualmente definen tus acciones a la hora de ganar dinero. Y es creer en esas narrativas lo que mantiene a tanta gente sin blanca cuando tienen el potencial para tener una buena situación económica.

Ya sea dinero, relaciones o comida, en tus primeros recuerdos siempre hay pistas de dónde vienen tus narrativas negativas. Si mis clientes me dicen que no son lo bastante listos para ganar dinero o que no son lo bastante guapos para que alguien los quiera, siempre les pido que piensen en un momento anterior a los doce años en el que sintieron eso por primera vez. Esta suele ser una buena indicación para ver de dónde vienen esas narrativas tan irracionales.

Quiero que te acuerdes de cuando eras pequeño. ¿Qué es lo que oías sobre el dinero? ¿Te decían tus padres que el dinero no crecía en los árboles? ¿O escuchabas todo el tiempo la frase «Estamos bien como estamos»? Al reconocer el lenguaje que te rodeaba relacionado con el dinero, puedes empezar a desentrañar el porqué de algunas de tus creencias. Tal vez te creíste lo de «los ricos son malos», como yo. (Hablaremos más sobre el poder del lenguaje que utilizamos en el capítulo 8).

Aquí tienes una lista de creencias negativas sobre ser rico a las que podrías estar aferrado:

- **Ser rico es malo.**
- **Los ricos no tienen amigos.**
- **Ser rico te estresa.**

- Para ser rico, debes sacrificar el tiempo con tu familia.
- Ser rico implica pagar más impuestos.

Tú ya me entiendes.

ERRORES QUE HAS COMETIDO CON EL DINERO

Lo siguiente que debes hacer es reconocer los errores relacionados con el dinero que has cometido en el pasado. A lo mejor te has endeudado mucho en alguna ocasión o te han declarado en bancarrota. A lo mejor has tenido una disputa financiera con un socio o has perdido dinero en una mala inversión. A lo mejor ahorrar se te da fatal o gastas todo tu dinero de forma irresponsable.

Estas experiencias tienen una energía negativa asociada y también te impiden encontrar el éxito económico que mereces. Mientras sigas personificando tu falta de dinero, no conseguirás ganarlo. Cuando reconozcas los errores que has cometido y tu discurso cruel e implacable al respecto, podrás empezar a progresar de verdad.

Escribe todas esas cosas que se te dan mal cuando se trata de dinero. Cualquier mala experiencia que te venga a la mente, por grande o pequeña que sea.

Sé que en este capítulo nos hemos centrado en el dinero, pero puedes utilizar el mismo proceso para descubrir tus narrativas en torno a las relaciones. Un buen punto de partida es analizar la naturaleza de la relación de tus padres. Echa también la vista atrás a tus primeras experiencias románticas.

DEJA DE LADO LAS TONTERÍAS

Despejar tus bloqueos económicos, o cualquier otra narrativa, puede ser una experiencia dolorosa y, sinceramente, mucha gente preferiría seguir con su día a día, pagando facturas y avanzando a duras penas sin realmente alcanzar todo su potencial. El dinero solo es energía y fluye hacia quien lo quiere, pero, para quererlo, necesitas haber llevado a cabo la excavación de las creencias limitantes que he descrito anteriormente.

A estas alturas, espero que hayas descubierto algunas de estas, que hayas reconocido de dónde proceden y que estés dispuesto a trabajar para cambiarlas. Un ejercicio sencillo pero eficaz es escribir todas esas creencias en un papel. Repásalas una a una y escribe al lado la opuesta con respecto a ti.

Por ejemplo, si crees que los ricos son malos, escribe: «Soy rico y soy generoso con todo el mundo». Si tienes la creencia de que tener tu propia empresa provoca estrés, escribe lo contrario: «Estoy construyendo un negocio de éxito con facilidad y fluidez».

PUNTOS FUNDAMENTALES

- Detrás de cada deseo hay, probablemente, una narrativa que entra en conflicto con ese deseo y que te frena de forma subconsciente.
- Tú eres el pensador de esas narrativas, pero estas no te pertenecen. Son solo datos que salen de tu cerebro.
- Nuestras creencias internas sobre el dinero, las relaciones y nuestro cuerpo proceden, en su mayoría, de la infancia.
- Tienes que ser consciente de cuáles son estas creencias que te limitan indagando un poco en tu Alma. Esto debilitará su control sobre ti.
- Mata al mensajero y despréndete de estas narrativas para que puedas avanzar con entusiasmo hacia tus sueños.

TAP, TAP, TAP: LA TÉCNICA DE LIBERACIÓN EMOCIONAL

Una de las formas más poderosas de cambiar energéticamente tus sentimientos y creencias en torno al dinero es a través de una técnica llamada *tapping*, también conocida como técnica de liberación emocional (EFT, por sus siglas en inglés). La EFT se define y se describe como un procedimiento clínico para el alivio del malestar físico y psicológico. Es un proceso de eliminación de la carga emocional negativa de las narrativas negativas para que dejen de afectarte. El *tapping* combina los beneficios del reprocesamiento cognitivo de la terapia de exposición y aceptación con la liberación de alteraciones energéticas asociada a la acupuntura, entre otras.

La causa de todas las emociones y creencias negativas es una perturbación en el sistema energético de nuestro cuerpo, exactamente el mismo sistema que se usa en acupuntura. La acupuntura postula que existen vías en nuestro cuerpo llamadas «meridianos de energía». Todas nuestras emociones negativas, como la ansiedad, la ira, la vergüenza, la culpa, el dolor y demás, se deben a una perturbación en uno o varios de estos meridianos de energía. Estas perturbaciones están conectadas con los recuerdos de acontecimientos dolorosos. Cuando pensamos en ello, se activa la alteración de energía asociada, lo que provoca las emociones negativas y, a veces, incluso dolorosas.

La EFT funciona activando de manera intencionada y poderosa una perturbación de la energía mientras piensas en un recuerdo negativo o simplemente «sientes tus emociones». Mientras se activa la perturbación de energía, se dan golpecitos (*tapping*) con las yemas de los dedos en los puntos de los meridianos para limpiar la perturbación de energía en las zonas afectadas.

A medida que la perturbación se elimina a través de estos golpecitos, sentirás que tus emociones negativas empiezan a desaparecer. Cuando la perturbación de energía se haya eliminado por completo, tus emociones negativas habrán desaparecido. ¡Así podrás pensar en el recuerdo sin ningún tipo de reacción emocional desagradable! Después, introduces nuevas afirmaciones y emociones positivas. Es como arrancar las malas hierbas y plantar girasoles.

Entra en www.noorhibbert.com/book y sigue el tutorial de *tapping* para que te ayude a reprogramar tu mente y alcanzar el éxito.

Una vez que empezamos a limpiar las narrativas y emociones negativas, podemos comenzar a crear una nueva identidad más fuerte, más feliz y más decidida a salir ahí fuera y hacer grandes cosas en el mundo. En el próximo capítulo, profundizaremos en la creación de una nueva identidad propia que te va a ayudar a crear realmente la más maravillosa de tus vidas.

SEIS

ES HORA DE UN *LIFTING* ESPIRITUAL

Cuando consigas retirar las capas, te encontrarás con alguien espectacular que de verdad cree en sí mismo; alguien único, con talento y un gran propósito en este planeta.

Durante toda mi infancia había soñado con pasear por un plató de Hollywood o bailar en un espectáculo de Broadway. El hecho de que no supiera actuar ni cantar muy bien era un detalle sin importancia, pero lo que más me preocupaba era que los adultos a mi alrededor me dijeran que esas ambiciones no eran realistas y que necesitaba un plan B. Mi imaginación y mi capacidad de soñar despierta fueron sofocadas y poco a poco me fui convirtiendo en una niña que creía que era imposible cumplir sus sueños.

Seguía las normas y hacía lo que tenía que hacer, pero luego me sentía aún más confusa porque nada me parecía lo correcto. Era una pieza redonda rodeada de un millón de agujeros cuadrados. ¿Conoces esa sensación? Pensaba que debía de haber algo mal en mí porque, cuando miraba a todo el mundo a mi alrededor, parecía que estaban consiguiendo trabajos prestigiosos y el estatus que supone una carrera de éxito.

¿Qué demonios era lo que debía hacer con mi vida? O, yendo más allá, ¿qué sentido tenía la vida?

Cuando llegamos a este lugar mágico llamado mundo como pequeños y risueños bebés, rebosamos potencial para ser los protagonistas de nuestras vidas. Todos tenemos la capacidad de hacer algo asombroso y estamos en el camino adecuado para hacerlo... hasta que..., bueno, pasa la vida.

Pasan los padres, pasa la escuela, pasa la sociedad y, como ya he explicado, nos perdemos en un abismo de condicionamientos y acabamos siendo alguien o haciendo algo porque sentimos que tenemos que hacerlo o porque hemos aprendido a ser así.

Como ahora eres consciente de lo que te ha hecho compararte contigo mismo (véase el capítulo 4) y te estás comprometiendo seriamente a centrarte en ti, necesito que averigües quién demonios eres. Quiero que te desnudes y descubras quién eres en realidad por dentro, con todos tus defectos...

- **No quién has tenido que ser en tu familia.**
- **No quién has tenido que ser en el trabajo.**
- **No quién has tenido que ser para complacer a tu pareja.**

¿QUIÉN ERES?

Quiero que reconozcas en qué punto del camino te han convertido en alguien que no quieres ser. Porque si basas tu forma de vivir la vida en lo que todo el mundo espera de ti, estás literalmente cediendo todo tu poder a otras personas y volviéndote débil y dependiente de alguien externo a ti para obtener validación.

Cuando consigas retirar las capas, te encontrarás con alguien espectacular que de verdad cree en sí mismo; alguien único, con talento y un gran propósito en este planeta. Cuando descubres ese propósito y aquello que te ilumina, es como esnifar *crack* de unicornio y sentir un subidón divino de felicidad. Es la mejor droga legal que existe.

Sin embargo, descubrir quién eres en realidad requiere excavar el Alma, y establecer los objetivos que realmente quieres alcanzar es el primer paso. Es la primera indicación para comprender quién eres de verdad y qué es importante para ti. Luego puedes reescribir el condicionamiento tomando la decisión consciente de elegir quién quieres ser.

Esa fue una de las cosas más poderosas que alguien me dijo: que podía elegir ser quien quería ser; que tenía la opción de abandonar la necesidad de ser lo que mis padres esperaban, lo que mi universidad quería y lo que la sociedad exigía. Podía decir adiós a esas etiquetas autoimpuestas de «deprimida», «ansiosa», «envidiosa» o «fracasada» y elegir una nueva identidad que me empoderara.

Porque, en el fondo, tu verdadero yo es muy poderoso. Quiero que entiendas que quien eres en el fondo es la versión más poderosa de ti. A la persona que eres en el fondo no le importa compararse con los demás, no le preocupa fracasar y sabe, sin lugar a dudas, que puede crear la vida con la que sueña.

Por un momento, imagina cómo sería nuestro mundo si todos estuvieran contentos de ser ellos mismos y se amaran con tanto descaro que no les importaran las opiniones de los demás, el color de su piel, su nivel educativo o si un día son hombres o al siguiente mujeres. Todos deberíamos poder ser lo que nos dé la gana sin tener que disculparnos.

Quiero que elijas quién quieres ser y que lo hagas a lo grande.

LA PSICOLOGÍA

La imagen que tienes de ti mismo, la idea que tienes de tus capacidades, tu apariencia y tu personalidad, la ha creado tu propia imaginación a partir de imágenes tuyas; imágenes construidas a partir de las interpretaciones y evaluaciones que has hecho de tus experiencias. Tal vez recuerdes del capítulo 1 que, cuando tenía cuatro años, una niña se me acercó en el patio y me preguntó por qué tenía las cejas tan pobladas. Uf. Con menos de siete años, nos creemos lo que escuchamos al pie de la letra. Yo interpreté esa experiencia en mi cabecita y llegué a la conclusión de que era diferente y fea. Esa fue la imagen que tuve de mí misma durante dos largas décadas.

Además, también aprendemos qué creer y cómo comportarnos a partir de las personas más cercanas a nosotros y a través de un proceso llamado «modelado». Si tu madre está constantemente regañando a tu padre, y tu padre lo consiente, es probable que adoptes esa forma de actuar con tus futuras parejas. Esto ocurre a nivel subconsciente, y por eso nos parecemos tanto a uno de nuestros padres o a ambos. Nos condicionamos para comportarnos de una determinada manera. Todo esto se debe a la idea totalmente errónea de que «debo ser como los demás».

Así que, como puedes ver, son todos los acontecimientos y experiencias a lo largo de tu vida los que han contaminado la versión más empoderada de ti que subyace en tu interior. La forma en que te ves a ti mismo es absolutamente crucial para la vida que manifiestas. Tu imagen de ti mismo dictará todos tus pensamientos, que a su vez crearán tus sentimientos, acciones y comportamientos. También afecta a tus habilidades.

Sin embargo, si la imagen que tienes de ti mismo no te ha ayudado a alcanzar el éxito que deseas, te encantará saber que puedes cambiarla. Tu identidad pasada, que te ha llevado a donde estás hoy, no es ni será la identidad que te lleve a la nueva fase de tu vida de estrella del *rock*.

Del mismo modo que has creado una identidad que te ha llevado a donde estás hoy, crearás otra mejor que te lleve a donde quieres estar el mes que viene, el año que viene o dentro de diez años. Numerosos estudios han demostrado que cualquier persona, joven o mayor, puede modificar no solo la forma en que se ve a sí misma, sino también su forma de actuar y, en consecuencia, su vida. ¡Bingo!

Una de las razones por las que los seres humanos pensamos que es tan difícil remodelarnos es porque nos ha llevado décadas convertirnos en la persona que somos hoy, así que está claro que no es nada fácil rediseñarnos de nuevo. Cuando te habitúas a una forma de hacer y de ser, todo queda tan profundamente arraigado que crees que todo es inmutable. Te aferras con fuerza a tus creencias aunque estén saboteando tu éxito. Henry Ford dijo muy sabiamente: «Tanto el hombre que cree que puede como el que cree que no puede tienen razón». Así que ¿en qué bando estás tú? Si crees que no puedes lograrlo, sea lo que sea, no hay ninguna posibilidad de que lo vayas a conseguir.

Voy a ser muy clara: cambiar la imagen que tienes de ti mismo no consiste simplemente en repetir «palabras positivas» y esperar que, con una nube de humo, pases mágicamente de sapo a príncipe o princesa. No puedes simplemente rociar con purpurina de unicornio un montón de mierda y esperar que no huela o tenga mejor aspecto. Cambiar la forma en la que te ves a ti mismo es un trabajo profundo y requiere primero de una buena limpieza. También es imposible pensar en positivo si la imagen que tienes de ti mismo es negativa.

Tus creencias sobre quién eres determinan todo lo que ocurre incluso antes de que des el primer paso hacia tus objetivos. Tu imagen de ti mismo está ahí antes de que tengas un plan. Si te identificas como una persona que evita los riesgos y llevas esta cautela con orgullo, ¿adivinas cómo te vas a enfrentar a cada situación nueva? Con cautela. Aquí es donde radica el conflicto: ¿cómo dar un salto de fe hacia lo desconocido con la posibilidad de una vida increíble si te consideras una persona especialmente reacia al riesgo? No es posible: esa imagen de ti mismo es limitante y se retroalimenta.

Para alcanzar todos los objetivos que te has propuesto en el capítulo 3, tienes que creer con ferocidad que eres capaz de hacerlo. Necesitas tener autoestima, seguridad y confianza en ti mismo. Tienes que estar orgulloso de quién eres. Cuando la imagen que tienes de ti favorece el éxito, podrás ir a por tus objetivos con tanto entusiasmo que no habrá nada que te detenga. Cuando empiezas a retirar las capas de condicionamiento y te dejas guiar por tu Alma, tus talentos y dones únicos salen a la superficie y te llevan a cumplir tu pasión y tu propósito en la vida. De verdad que creo que todos tenemos talentos únicos y que, si nos lo permitimos, podemos utilizarlos para crearnos una vida de abundancia.

La parte más difícil de cambiar la imagen que tenemos de nosotros mismos es que está enterrada en nuestro subconsciente, que, al fin y al cabo, dirige el ochenta por ciento de lo que hacemos, e implica escarbar un poco. Puede que te preguntes: «Pero ¿cómo puedo hacerlo?». Puede que mires tu lista de objetivos y lo único que se te ocurra es cómo has «fracasado» en el pasado. Pues bien, una forma increíblemente poderosa de liberarte del control psicológico que ejerce tu pasado sobre ti es juzgar todos tus objetivos futuros en función de tu nueva identidad (y no de la antigua), la identidad que has elegido para ti. Te convertirás en la persona que puede alcanzar esos objetivos una vez que dejes atrás a la persona que «fracasó» en el pasado.

CÓMO DECIDÍ CAMBIAR

Había tomado la decisión de cambiar la manera en la que me veía a mí misma unas dos semanas antes de recibir la noticia que marcó el inicio del cambio radical en mi vida. Estaba en un avión rumbo a Hawái llena de ilusión por la semana que me esperaba en una isla paradisíaca que llevaba una década pacientemente esperando su momento en mi lista de deseos. Por fin iba a ir. Llevaba una lectura ligera, un libro escrito por el increíble Wayne Dyer titulado *El poder de la intención*. Nunca olvidaré las palabras que escribió, que saltaron de la página letra a letra y se tatuaron con firmeza en mi cerebro: «Todas las situaciones son emocionalmente neutras. Podemos decidir cómo nos sentimos ante cualquier situación».

Esas fueron las palabras que me salvarían de una espiral descendente en las semanas que vendrían.

Cuando aterricé en la preciosa isla de Oahu, no tenía ni idea de que las siguientes semanas iban a hacer que me sintiese una mierda y me harían renacer como la mujer que soy hoy.

Mientras me dirigía a desayunar con mis hijos y mi marido, despreocupada y dispuesta a pedir mi zumo de naranja recién exprimido y mis huevos pasados por agua, sonó mi teléfono. Era mi hermana. Sentí, dentro de mí, que algo malo estaba a punto de ocurrir, y tenía razón.

Contuve las lágrimas mientras me tapaba la cara con el menú del desayuno para que mis hijas no vieran que me derrumbaba.

Mi hermana me dio la devastadora noticia de que a mi hermano pequeño, que entonces tenía ocho años, le habían diagnosticado leucemia. Sus palabras fueron: «Está lleno de infecciones y de tumores».

Me rompí por dentro. Una nunca piensa que le vaya a pasar a su familia.

Miré a mis dos preciosas hijas, unos años menores que mi hermano, y la punzada de dolor que sentí en el corazón casi me dejó sin aliento. Me imaginé por un momento que se tratase de mis hijas. No pude contener las lágrimas sabiendo que, en ese momento, mi padre debía de estar sintiendo que el mundo se le había caído encima.

Después de varias llamadas al Reino Unido, decidí seguir adelante con nuestros planes de visitar una cascada y hacer una excursión. Ese día nadé bajo una preciosa cascada y decidí hacer algo que la mayoría de la gente no entendería. Me repetí una y otra vez: «Estoy agradecida». Tenía que creer que había una lección mayor, que debía haber algo maravilloso al final de ese maldito desastre.

Había algo profundamente reconfortante en apreciar la majestuosidad de la naturaleza incluso en un momento de angustia total. Me convencí de que esa noticia era un regalo envuelto en un papel muy feo y que solo con el tiempo lograría abrirlo. Elegí ser la persona que veía lo bueno incluso en los momentos más oscuros. Elegí ver la situación como si fuese emocionalmente neutra y atribuirle un sentimiento positivo.

¿Dejó de doler? No. ¿Hizo que mi hermano mejorara en una semana o eliminó la necesidad de un agonizante tratamiento de quimioterapia? No. ¿Me dio esperanza? Por supuesto que sí.

Verás, puedes elegir ser una pesimista crónica, una víctima, una cotilla o la persona que se queja porque es lo que está acostumbrada a hacer. Pero cuando eliges aprovechar el amor y la gratitud, abres las puertas a tu potencial más puro y a la capacidad de manifestar lo que quieres. Yo deseaba con todas mis fuerzas que mi hermano mejorara, y meses después, contra todo pronóstico, estaba en remisión completa. Aquellos seis meses podrían haber estado llenos de negatividad, ira y miedo. Podrían haber estado llenos de amor. Yo elegí el amor.

Lo que tienes que entender es que el modo por defecto del Alma es el amor (encontrarás más información sobre tu Alma en el próximo capítulo). Cuanto más amables y alegres somos, cuanto más cuidamos a los demás, más acallamos al Ego. El amor, la bondad y la alegría son como la kriptonita del Ego. No puede sobrevivir a ellos. Esas emociones positivas preparan el terreno para que tu Alma se comunique contigo y te ayude a aprovechar su guía excepcional. Cuando te quejas, refunfuñas y protestas, el Ego sabe que ese es su caldo de cultivo y aparecerá en el momento oportuno para volver a dirigir el espectáculo.

También es indispensable que aprendas a ver las posibilidades a pesar de lo oscura o triste que parezca la vida.

Puedes elegir ser la persona que ve todo como una oportunidad o la persona que ve todo como una oportunidad para rendirse. Y si te rindes, no importa todo lo bueno que hagas en la vida. Así que...

- **¿Has conseguido grandes ventas? Siempre encontrarás la excusa para reprocharte por no haber conseguido más.**
- **¿Tienes una relación maravillosa? Siempre encontrarás la forma de centrarte en los detalles que faltan.**
- **¿Te sientes en buena forma después de un año de entrenamiento personal? Siempre buscarás tus partes más fofas.**

Es importante cambiar tu forma de pensar de aquella que está guiada por el miedo, la duda o la negatividad a aquella que te empodera y es positiva. Siempre habrá una dualidad presente e inevitable. Donde hay luz, hay oscuridad; donde hay humedad, hay sequedad; donde hay bien, hay mal; donde hay una botella de champán, hay una copa vacía. Por supuesto, en cada situación, como en la vida, siempre puedes elegir aceptar la realidad, la dualidad, y avanzar para ver la posibilidad.

YA ES HORA DE ESE *LIFTING* ESPIRITUAL

Ha llegado el momento de que elijas quién quieres ser. Empecemos el proceso de eliminar tus cicatrices emocionales, enmendar tu actitud y reparar tus procesos de pensamiento. Es hora de eliminar tus creencias de carencia, pérdida, fracaso, resentimiento y perdonarte a ti mismo. Te doy permiso total para que adoptes una nueva identidad, la de alguien que «cree que puede».

Fuimos creados por una razón y, sean cuales sean las creencias que tengas al respecto, no tiene sentido que estemos aquí para fracasar. Nada se crea intencionadamente con el objetivo de fracasar. Todos y cada uno de nosotros estamos diseñados para el éxito y, cuando incorporamos esa creencia a nuestra identidad, nuestros pensamientos conducen a acciones que nos llevan a triunfar.

No fuimos diseñados para fracasar. No hemos venido a este mundo para tener menos de lo que deseamos. Nuestros «ajustes de fábrica» por defecto al nacer fueron programados para el éxito. Estamos aquí para prosperar y, siempre y cuando sepas los resultados finales que deseas y cómo convertirte en la persona que necesitas ser para ir a por ellos, el mundo estará a tus pies. Pero tienes que reprogramarte.

Tu nueva identidad dará forma a todo lo que hagas. Hay muchas formas de empezar a crearla, y ninguna de ellas depende de si realmente has conseguido algo, así que no te preocupes por tu historial más reciente:

- **Elige ser increíble.**
- **Elige tener confianza en ti mismo.**
- **Elige tener éxito.**

- Elige ser inteligente.
- Elige ser disciplinado.
- Elige ser sexi.
- Elige no tener miedo.
- Elige ser una inspiración para los demás.
- Elige tener clase.
- Elige ser atrevido.
- Elige ser un poco descarado.

No importa quién elijas ser; cariño, solo quiero que lo hagas.

Una de las formas más poderosas de reprogramar la imagen que tenemos de nosotros mismos es a través de la visualización. Somos la única especie del planeta a la que se le ha concedido el don de la imaginación. La imaginación nos permite crear y soñar. Esta es una parte importante del rompecabezas de la manifestación, porque la única diferencia entre las personas que tienen éxito y las demás es la elección que hacen acerca de lo que piensan. Porque, como ya he explicado, nuestros pensamientos se transforman en algo tangible.

Déjame darte un ejemplo del poder de la imaginación. Quiero que, por un momento, respires profundamente. Ahora imagina que te acercas a tu bol de fruta y ves un limón amarillo, grande y jugoso. Cógelo, ve a por un cuchillo y córtalo por la mitad. Quiero que te imagines lamiéndolo y chupándolo. ¿Qué ocurre? ¿Sientes que arrugas los labios? ¿Sientes el regusto ácido del limón imaginario? ¿Sí? Como puedes ver, tu mente no distingue entre realidad e imaginación.

La plasticidad neuronal hace referencia a la capacidad del cerebro para formar nuevas vías neuronales (interconexiones entre partes de nuestro sistema nervioso). Al igual que ocurre con los músculos, cuanto más «entrenamos» determinadas vías neuronales, más fuertes se vuelven. Las vías fuertes se convierten en nuestras «autopistas» psicológicas favoritas y, así, utilizando nuestra imaginación mediante visualizaciones que también están unidas a emociones fuertes, podemos crear nuevas formas de pensar y de ser.

Cuando visualizamos de forma regular, en realidad creamos nuevos «recuerdos» que sustituyen a los «viejos» almacenados de nuestra identidad pasada que no nos servían. Aunque estos nuevos «recuerdos» no son una realidad en el mundo físico, tu cerebro no nota la diferencia y empezará a trabajar para ayudarte a avanzar hacia el resultado deseado. Cuanto más preciso seas, más fuerte será tu visión y más posibilidades darás a tu cerebro para idear formas de convertir esa visión en realidad.

«En lo que piensas, te conviertes», dijo Buda.

PUNTOS FUNDAMENTALES

- Tus creencias sobre quién eres conforman tu identidad y gobiernan cada acción de tu vida.
- Naces con la capacidad y el poder de hacer algo asombroso hasta que el condicionamiento te moldea y te convierte en otra cosa.
- Necesitas reconocer en qué punto del camino te han moldeado para convertirte en alguien que tal vez no quieres ser. Debes reprogramarte.
- Retirar las capas y quitarse la máscara es crucial para sintonizar con la frecuencia correcta y manifestar.
- Tu identidad pasada no será la identidad que te lleve a la nueva fase de tu vida de estrella del *rock*. Es hora de crear una imagen de ti mismo que te conduzca al éxito.

PRACTICA EL ARTE DE LA VISUALIZACIÓN

En el capítulo 5 consideraste en qué creías que habías fracasado. Investigaste quién te había marcado las pautas de ese fracaso.

Ahora quiero que profundices un poco más y escribas por qué no serías capaz de alcanzar tus objetivos. ¿Cuáles son tus miedos? ¿Qué rasgos de tu personalidad te lo impedirían? ¿Cuáles son las creencias que te limitan y que tienes en tu interior? Quiero que escribas todo lo que te venga a la mente, aunque parezca poco importante o una tontería.

A continuación, repasa la lista y repite las palabras «Me perdono, me quiero» mientras tachas cada uno de esos miedos, rasgos y creencias. Tienes que decirlo en voz alta para así reprogramar tu subconsciente.

Ahora puedes empezar a crear recuerdos «nuevos» y una imagen mental sólida de lo que quieres ser en el futuro. Piensa de verdad en los objetivos que te has marcado.

¿Quién necesitas ser para alcanzarlos?

Yo sabía que tenía que ser disciplinada. Sabía que tenía que ser valiente.

Ten muy clara a la persona que ha conseguido los objetivos que te has propuesto:

- ¿Cómo se muestra ante el mundo?
- ¿Cuáles son los rasgos de su personalidad?
- ¿Qué hace en su día a día?
- ¿Cómo es físicamente?
- ¿Qué dice la gente de esta persona?

Una vez que hayas elaborado esa «película mental» de la identidad nueva que has elegido, tienes que dedicar quince minutos de tu día a visualizarla.

Visualízate a ti mismo celebrando la manifestación de tus intenciones como algo que ya has logrado. Si lo que quieres mejorar son tus relaciones, imagínate disfrutando vívidamente de esa relación con la que sueñas. Si lo que deseas es perder peso, imagínate entrenando en el gimnasio y disfrutando de ello. Si se trata de un negocio exitoso, imagínate haciendo contactos, celebrando objetivos y acumulando grandes sumas de dinero. Imagínate mostrando la mejor versión de ti mismo.

Romper con la retórica negativa mientras visualizas requiere práctica. Al principio, cuando intentes hacerlo, te parecerá difícil y exigente. Pero si empiezas por algo pequeño y lo intentas repetidamente cada día, poco a poco te irás haciendo más fuerte. Y, en poco tiempo, no te supondrá ningún esfuerzo. Si te ayuda, escucha música que te inspire. Recuerda que cuando asociamos cada emoción positiva a una visualización, se crean esas nuevas vías neuronales.

Ten paciencia y te sorprenderán los resultados. Ah, y si crees que es una molestia dedicar quince minutos de tu día a hacer esto, entonces deberías avergonzarte. Las excusas roban y frustran sueños, así que ¡hazlo de una maldita vez!

SIETE

ELÍGETE A TI MISMO

Actualmente tenemos una epidemia de carencia extrema de amor propio que ha hecho que millones de personas se traten muy mal a sí mismas.

Bien, ahora que has descubierto tus historias y has decidido adoptar una nueva imagen de ti mismo, es hora de fortalecer esa imagen y cimentarla, como una estrella en el paseo de la fama de Hollywood.

Así que déjame preguntarte algo: ¿crees en ti mismo? Déjame ir más lejos: ¿te quieres a ti mismo? Esta no es una pregunta trampa en la que respondes que sí, y entonces yo te señalo, me río y te llamo prepotente y egoísta. Estoy hablando en serio.

¿Por qué lo pregunto? Bueno, el amor propio es un término que no oí hasta pasados los veinte años. El odio hacia mí misma era algo que practicaba bastante bien y he observado lo mismo entre la población en general. «Estoy muy gorda», me repetía sin piedad. Estaba secretamente resentida con las chicas de talla treinta y seis que tenía a mi alrededor, deseando que se zamparan varios menús de McDonald's y engordaran para que yo pareciera la más delgada. Para mí, controlar lo que comía parecía mucho más difícil que controlar el odio a mí misma y los ciclos de dietas absurdas que me llevaron por un largo y oscuro camino hacia ninguna parte. Se supone que tu cuerpo es un templo, pero el mío era más bien una tienda de kebabs.

Pasé la mayor parte de mi adolescencia y principios de los veinte haciendo dietas yoyó, aficionándome a pastillas dietéticas sospechosas que compraba por internet y, para mi vergüenza, incluso contemplando el modo de hacer que el algodón resultara apetecible, ya que había leído que las modelos lo comían para saciarse sin sumar calorías. Cuando odias el cuerpo que habitas, la cosa se pone fea. Si nos queremos a nosotros mismos, no nos castigamos ni nos reprendemos, ni nos condenamos ni nos atiborramos. Si respetamos el único cuerpo que nos ha sido dado, no lo castigamos con alcohol, narcóticos y comida rápida altamente procesada de forma regular.

Actualmente tenemos una epidemia de carencia extrema de amor propio que ha hecho que millones de personas se traten muy mal a sí mismas. El amor propio no es una chorrada poco realista y sentimentaloide para chicas o chicos sin agallas: es importante. La falta de amor propio y de confianza en uno mismo está relacionada con una plétora de problemas psicológicos, desde el bajo rendimiento escolar y laboral hasta la ansiedad y la depresión, pasando por el alcoholismo y el abuso de sustancias.

UNA EXPERIENCIA PERSONAL

He visto de primera mano cómo la falta de amor propio puede destrozar la vida de las personas porque provoca sufrimiento. Era el invierno de 2010 y me encontraba en casa de mi familia soportando otra noche de acoso emocional por parte de un hombre que, supuestamente, nos quería. Mi madre había salido y me había dejado en casa con mi padrastro, el mismo al que había oído hablar por teléfono y decir lo horribles que éramos todos. Estaba en estado de embriaguez. Sentí que me hervía la sangre. Bajé corriendo las escaleras y vi la botella de vodka a un lado y la cogí. Le quité el tapón con frenesí y empecé a verter el líquido por el fregadero. Estaba temblando a causa de una mezcla entre rabia y adrenalina por el miedo a que me descubriera, pero esta botella era la antagonista de todas nuestras vidas.

De repente, mi padrastro se acercó corriendo, con la cara tan roja que pensé que iba a explotar. «¿Qué haces?», bramó. Empecé a gritarle: «¡Te está matando!». Contenía las lágrimas y seguía temblando.

Lo miré, imponente sobre mí, listo para atacar. «Venga, pégame –le grité–. Vamos, así puedo llamar a la policía y por fin podrás irte de aquí».

Se paró en seco, volvió a insultarme y se marchó. Corrí escaleras arriba y lloré. ¿Cómo era posible que este hombre tan increíble, al que tanto queríamos, se hubiera convertido en un monstruo? El hombre que se había casado con nuestra madre y al que con tanto orgullo llamábamos padrastro. Un hombre que solía tratarnos como una familia.

Mi padrastro era alcohólico. Digo «era» porque hace solo unos días, mientras escribo esto, falleció tristemente a causa de una enfermedad hepática terminal. A diario escucho que el alcoholismo es una enfermedad y que está casi fuera del control del adicto. Sí, una enfermedad mental. Una enfermedad en la que el sufrimiento se convierte en una forma de vida y en la que la única salida para alguien es anestesiar el dolor con un litro de vodka al día.

Mi padrastro había perdido la confianza en sí mismo. No se quería y creía que el mundo estaba en su contra. Había perdido el control de su sufrimiento. Quiero dejar claro que no era un mal hombre, simplemente estaba controlado por el dolor del odio hacia sí mismo. El sufrimiento siempre está vinculado a la forma en que alguien piensa una situación, y mi padrastro había aprendido a sentirse impotente, a negarse a creer que era lo bastante bueno, y trataba este sentimiento con el alcohol. Una de mis motivaciones cuando me convertí en *coach* fue ayudar a la gente a entender que el significado que damos a una situación puede ayudarnos a superarla. Que incluso en nuestros momentos más oscuros podemos cambiar nuestra forma de pensar. Que, por difícil que sea, siempre podemos verlo con otros ojos.

LA VERDAD SOBRE EL AMOR PROPIO

Aquí hay una ironía muy real, porque al crecer nos enseñan que «quererse a uno mismo» es algo negativo y lo asociamos con ser cabezota, narcisista o egoísta. Pero cuando nos queremos plenamente, no tratamos a nuestro cuerpo y a nuestra mente como a un enemigo. Si fuera posible grabar las cosas que me decía a mí misma cuando estaba deprimida, la mayoría de las personas se horrorizarían, y aun así muchos de nosotros tenemos una *playlist* de frases castigadoras en bucle dentro de nuestras cabezas reprendiendo a la única persona con la que estamos atados de por vida. Sí, estamos atados a nosotros mismos hasta que la muerte nos separe, así que deberíamos ser más amables con nosotros mismos.

El amor propio es mucho más que darse un baño caliente o comprarse un bolso. El amor propio es la capacidad de ser realmente sincero sobre aquello que no te hace feliz para así poder solucionarlo. El amor propio es aceptar y apropiarse de todas las partes de tu historia, sin importar lo oscuros que puedan ser esos capítulos. El amor propio es aceptar tu viaje y a la persona en la que te ha convertido en lugar de condenarte por no haberlo hecho bien. El amor propio es tener la disciplina de ir a por lo que realmente quieres; tanto si es quererte más a ti mismo para dejar a esa pareja que te hace sentir miserable, como dejar por fin el azúcar que te provoca diabetes o ir a por tus sueños para ser más feliz.

La falta de amor propio podría ser menos evidente que el alcoholismo y acechar mucho más profundamente en tu subconsciente. Puede que en el fondo creas que no mereces el dinero, el amor o el cuerpo que deseas, lo que deriva en acciones subconscientes que sabotean tu éxito.

El grado de amor que sientas por ti mismo va a determinar las acciones que decidas emprender. Si crees que no eres merecedor de una abundancia económica, es menos probable que asumas los riesgos necesarios para aumentar tus fondos o que des el salto de fe para emprender o ir a por ese ascenso. Si crees que no eres merecedor de unos abdominales perfectamente tonificados o de un culo a lo Jennifer Lopez, es menos probable que dediques tiempo a hacer ejercicio, ya que «es una pérdida de tiempo y dinero y no va a servir de nada». Si crees que no eres digno de ese «felices para siempre», es más probable que te niegues a querer o que te conviertas en un psicópata total que acaba creando discusiones inconscientes en un intento de romper la relación en cualquier momento.

Yo soy culpable de todo lo anterior. ¿Y tú?

El amor propio no es algo con lo que se nace o no. No depende del éxito que tengas ni es un rasgo de tu personalidad. El amor propio es una forma de vida, un ritual diario; una práctica. La verdad es que mucha gente me mira ahora y ve a una mujer feliz, exitosa y segura de sí misma porque no ven las heridas de guerra. He borrado espiritualmente las cicatrices de mi pasado con láser y no son detectables a simple vista. Pero están ahí. Solo que en lugar de dejar que el dolor me defina, he dejado que me enseñe. En lugar de aferrarme a un pasado que me llevaba a castigarme a mí misma, he aprendido a perdonarme para poder avanzar de verdad. Tomé la decisión de quererme, no solo de gustarme, porque quererme a mí misma es mucho más poderoso. Tú también puedes elegir creer en ti mismo y quererte sin avergonzarte.

Entonces, ¿cómo hacer ese cambio tan importante para pasar de las garras de la condena a una relación más feliz y llena de afecto con la persona con la que pasas todo tu tiempo? Bueno, el paso 1 es perdonarte a ti mismo por el pasado: dejar ir todo lo que te ha llevado a creer hoy que no eres digno. El paso 2 es abrazar la vida a pesar del miedo (que aparece de varias formas) porque te quieres lo suficiente como para ir a buscar la mejor versión de ti mismo. Y el paso 3 es respetar tu viaje lo suficiente como para estar agradecido por todos los altibajos y los saltos mortales que te han traído hasta aquí.

«Cuando te amas a ti mismo, la vida te ama también –escribe Kamal Ravikant en *Ámate como si tu vida dependiera de ello*–. Tampoco creo que tenga elección. No puedo explicar cómo funciona, pero sé que es verdad».

HABLEMOS DE LA PALABRA QUE EMPIEZA POR «F»

Como habrás podido deducir, me gustan las palabras que empiezan con F, pero no solo las «malsonantes». Existen dos palabras en concreto que considero pertinentes en este mágico viaje de autodescubrimiento. La primera es *faith*, «fe» (que ya hemos tratado en el capítulo 2), y la segunda es *forgiveness*, «perdón».

Perdonarse a uno mismo y perdonar a los demás a pesar de lo que hayan hecho es una de las acciones más difíciles que podemos emprender en el camino hacia el amor propio. Verás, cuando adoptas este malabarismo de amarte demuestras que estás dispuesto a poner tu energía en primer lugar. Aferrarse a tu resentimiento hacia los demás porque, a tus ojos, no han sido lo suficientemente buenos, afecta de forma terrible a tu energía, lo que a su vez afecta a tu capacidad de crear una vida mucho más feliz.

LA HISTORIA DE SARAH

Cuando Sarah tenía cinco años, su madre la dejó para que la criara su padre, mucho mayor que ella y jubilado. De los cinco a los trece años, solo veía a su madre una vez al año. Iba a un colegio en una buena zona donde todos parecían tener mucho dinero y, en palabras de Sarah, pertenecían a familias «perfectas» con vidas «normales».

Sarah se sentía poco apreciada y querida en comparación con sus amigas, y empezó a creer que no era lo bastante buena para que la quisieran, razón por la cual, pensaba, su madre la había abandonado. Arrastró este pensamiento en su subconsciente hasta los treinta y cinco años.

Cuando empezamos a trabajar juntas, me dijo que tenía miedo de tener un negocio de éxito. Al profundizar en el tema, caí en que realmente no creía merecer el éxito porque no se creía lo suficientemente buena. Admitámoslo, si no te sientes querido por quienes te trajeron al mundo, ¿por qué ibas a aprender a quererte o a creer en ti mismo?

Su miedo al éxito no era más que una forma de menospreciarse. Necesitaba perdonar a sus padres, dejar atrás cualquier resentimiento y hacer las paces con el hecho de que esas creencias que se había formado eran totalmente falsas. Había una niña dentro de Sarah que necesitaba amor y sanación, y eso significaba tomarse el tiempo para reconocer que su autoestima como adulta no tenía nada que ver con cómo la habían tratado de niña.

Me pregunto si te sientes identificado con la historia de Sarah. Yo sí. Mi vida cambió cuando, con once años, dos niñas de mi misma edad y muy cercanas a mí me confesaron que habían sufrido abusos sexuales. Me hicieron jurar que guardaría el secreto y, como una niña leal de once años, no dije nada. A pesar de que solo tenía once años, recuerdo haber comprendido perfectamente la gravedad de lo que era el abuso sexual. Sabía de manera inherente que había ocurrido algo muy muy malo y lloré como una histérica al enterarme. Pero había prometido mantenerlo en secreto y, en consecuencia, sentí un nivel de responsabilidad que ningún niño de once años debería tener que soportar.

A medida que fui creciendo, el secreto se hizo más pesado. Tenía pesadillas terribles, pero nunca le podía decir a la gente por qué. Tenía un sentimiento de culpa palpable por haber defraudado a esas niñas. Por supuesto, no lo había hecho. Tenía once años, pero desarrollé una creencia muy arraigada que me hizo manifestar los primeros síntomas de depresión con solo doce años. Viví con este secreto durante casi una década antes de contárselo a alguien. Poco después, el agresor murió y se salió con la suya. La rabia y la culpa supuraron en mi interior durante años e inconscientemente me creí que no merecía el éxito.

Cuando tenía doce años, mis padres se divorciaron. Al contrario que para la mayoría de los niños, este fue un cambio bien recibido. Había vivido en una zona de guerra durante la mayor parte de mi infancia y había estado atrapada entre dos padres que no tenían ni idea de cómo hacerse felices el uno al otro. Además, durante esa época, en el colegio sufrí el acoso de una niña empeñada en hacerme la vida imposible. Yo iba a un colegio de chicas y..., bueno, las chicas pueden ser bastante crueles. Hizo todo lo posible por excluirme y, como persona que sufría una necesidad crónica de ser querida y aceptada, eso me dolía muchísimo. Nunca olvidaré el día en que una de las chicas organizó una fiesta e invitó a todos los de mi curso, menos a mí. Ahora me parece trivial, pero en aquel momento lo sentí como un puñetazo en la cara. Todavía hoy no sé qué le parecía tan ofensivo de mí. Nunca llegué a encajar en ninguno de los grupitos y recuerdo que siempre me sentí profundamente incómoda porque lo único que hacía era esforzarme por encajar.

A los dieciséis años me enamoré por segunda vez. El chico era cinco años mayor que yo y conducía, lo que le hacía superguay, y al principio me hizo sentir como una reina. El prestigio de salir con un chico mayor me dio popularidad en el colegio y elevó mi estatus de perdedora total a, al menos, ligeramente guay. Además, me hacía reír y le quería.

Pero las cosas comenzaron a torcerse rápidamente. Empecé a beber mucho los fines de semana, sobre todo porque podía entrar en *pubs* y discotecas por ir con él. Era muy controlador, emocionalmente manipulador e increíblemente celoso, y utilizaba mi corazón como saco de boxeo. Un día hubo un incidente en un *pub*: yo estaba hablando con uno de sus amigos y él se acercó a mí, empezó a insultarme y me echó una jarra de cerveza encima: «Ahora no le vas a gustar a nadie», se mofó. Recuerdo la humillación y la convicción de que tenía razón. Y sí, como la mayoría de las chicas que no se valoran a sí mismas, seguí con él porque le quería.

El punto más bajo fue la espera en el hospital mientras le hacían un lavado de estómago después de que intentara suicidarse con una sobredosis. Gracias a Dios sobrevivió, pero poco después me dijo que lo había hecho por mi culpa. Con sus amenazas de suicidio y las pequeñas humillaciones que me infligía, me cooptó en su propia guerra emocional interna. Fue entonces cuando empecé a tener ansiedad y muchos pensamientos malos. Sentía como si tuviera una cuerda emocional invisible que me ataba a él, y la cuerda se iba tensando cada vez más y no sabía cómo desatarme. Lo amaba profundamente, pero también lo odiaba profundamente.

No dejaba de preguntarme por qué todo, incluso a los dieciséis años, me parecía tan duro. Si la vida era tan dura, no estaba segura de querer seguir en ella. A los dieciséis años ya tomaba Prozac. Recuerdo muy bien estar en la consulta de mi médico de cabecera y explicarle que no me sentía capaz de seguir adelante. Había días en los que me sentía bien y feliz (normalmente, si salía a emborracharme), pero la mayoría de los días me sentía decaída. De hecho, dejé de tomar los antidepresivos al cabo de un mes y por fin acabé con esa relación tóxica meses más tarde, después de que una noche se pusiera físicamente violento.

Quería desesperadamente que alguien se fijara en mí y me quisiera, que me ayudara a sentirme mejor. Había desarrollado una ansiedad muy arraigada que, más tarde, comprendí que provenía del miedo a que la gente me hiciera daño. Tenía mucho miedo de no ser lo bastante buena y no podía soportar la sensación de tener el corazón roto o sentirme rechazada. A veces, la ansiedad era tan insoportable que apenas podía respirar, y el corazón me latía con tanta fuerza que estaba convencida de que me iba a atravesar el pecho y partirme por la mitad.

La ansiedad era más fuerte cuando estaba en una relación,

aunque, irónicamente, estaba tan desesperada por encontrar el amor que pasaba de una historia a otra. Era un círculo vicioso en el que realmente creía que mi felicidad estaba en manos de otra persona. Siempre estaba esperando que llegara el príncipe azul que me hiciera sentir feliz de verdad y, sin embargo, cada vez que empezaba una nueva relación, la ansiedad volvía. Aunque había momentos maravillosos, siempre tenía un miedo latente a que esa persona me hiciera daño o me dejara. Naturalmente, eso hacía que me comportase de manera paranoica y, en consecuencia, todas y cada una de esas relaciones terminaban, dejándome agotada y exhausta.

A los veinte años, cuando me volvieron a dejar, descubrí el mejor antídoto contra el dolor: la cocaína. Anestesiar el sufrimiento me sentaba de maravilla. Cada vez que esnifaba una raya de aquel polvo blanco era otra persona: fuerte, poderosa, despreocupada y divertida. Podía mirar a mi ex a los ojos y decirle «que te jodan», aunque por dentro quisiera volver desesperadamente con él.

Poco después, también empecé a consumir éxtasis. Me divertía y salía todo lo que podía. Me daba la excusa para ponerme hasta arriba. Pero donde hay un subidón siempre hay un gran bajón. Y las caídas eran horribles. Mi ansiedad empeoró, mis días de bajón se hicieron cada vez más intensos y empecé a sufrir insomnio y espasmos en las piernas. Como sabe cualquiera que haya pasado por ello, estar despierto toda la noche a solas con tus propios pensamientos es poco menos que una tortura.

Yo era una fiestera, pero solo *a posteriori* pude darme cuenta de que la diversión servía para distraerme de mí misma. Y, para ser sincera, no me gustaba nada. Odiaba mi cuerpo, odiaba el hecho de estar soltera y odiaba el hecho de tener ansiedad porque estaba arruinando todas mis relaciones. Así que, como ves, entiendo lo fácil que es desenamorarse de uno mismo. Sentía que mi vida era un desastre.

Sé que no soy la única que lo ha vivido. La mayoría de nosotros tenemos una relación tan tensa con nosotros mismos que buscamos el amor y la felicidad más allá de nosotros. Basamos nuestra alegría en la validación y aceptación que nos dan los demás. Depender de los demás para ser feliz, como me ocurría a mí, nos quita mucho poder y nos convierte en personas necesitadas, posesivas y celosas.

Al final aprendí que, hasta que no me amara a mí misma, nunca sentiría de verdad la felicidad de ser amada por otro. Mucha gente piensa que necesitamos estar enamorados de otra persona para brillar, cuando, en realidad, es al aprender a querernos primero a nosotros mismos cuando florecemos de verdad.

Solo cuando empecé una nueva relación conmigo, mi matrimonio cambió para mejor y me involucré en una relación más profunda y respetuosa, basada en el aprecio mutuo en vez de en la dependencia.

PERDONARSE A UNO MISMO

Todas las experiencias por las que pasé dejaron un sello mental en mi cerebro, y todas tus experiencias habrán hecho lo mismo. Así que perdonarte a ti mismo es crucial. Tu dolor y tus errores, al examinarlos adecuadamente, pueden convertirse en tu director espiritual, y en realidad son esos momentos de grandes dificultades los que te brindan la oportunidad de encontrar tu tesoro interior y las lecciones que te ayudan a convertirte en la mejor versión de ti mismo.

Quiero que escribas una lista de los errores que has cometido en tu vida. Cosas de las que te arrepientes. Cosas que desearías haber hecho de otra manera.

Ahora quiero que escribas lo que has aprendido de cada uno de ellos.

Ahora ve uno por uno, táchalos y repite: «Me perdono, me quiero».

PERDONAR A LOS DEMÁS

Las personas que nos causan dolor o rabia, esas son nuestros maestros más importantes. Son ellas las que nos marcan los límites de nuestra capacidad para perdonar. Culpar a los demás o, peor aún, culparte a ti mismo por cosas del pasado no te ayudará a avanzar de cara al futuro, por lo que es increíblemente importante que reconozcas que, además de perdonarte a ti mismo, también tienes que perdonar a aquellos que crees que te han hecho daño.

El perdón no hace que lo que hicieron esté bien. No significa que niegues el hecho de que lo que han hecho está mal. Perdonar a alguien es decir con fuerza: «Elijo no aferrarme a la energía negativa que me da este resentimiento o esta culpa». Se trata de que elijas quererte a ti mismo más que a tu ira y tu dolor.

Quiero que escribas una lista de personas que te han hecho daño y hacia las que todavía mantienes algún tipo de energía negativa.

Ahora quiero que escribas una carta de perdón a cada una de ellas. No necesitas dársela si no quieres; se trata más bien de que la saques de tu cerebro y la pongas por escrito. Este reconocimiento consciente del perdón te resultará muy poderoso.

Recuerda, la verdadera felicidad llega cuando eres capaz de estar agradecido por una experiencia, ya sea positiva o negativa, y el perdón es una parte importante de este agradecimiento. Para poder avanzar, debes dejar atrás el dolor del pasado.

NADA DE FINGIR HASTA CONSEGUIRLO

Elegir quererse a uno mismo requiere valor, pues exige aceptar tu verdad, aceptar tu historia y comprender que tienes el poder de cambiarla. Mantener la imagen bonita de que tu vida es perfecta, cuando por dentro sientes lo contrario, te acabará agotando emocional y mentalmente.

Al leer este libro ya habrás deducido que uno de mis sueños

era subirme a un escenario. Así que, cuando me ofrecieron la oportunidad de ser extra en una película, la aproveché. No tendría un papel protagonista, pero por fin podría experimentar lo que era estar en una película. Me llevaron en avión a España para participar en una escena en un barco en *The Inbetweeners*. Si ahora te pusieras a ver la película y llegaras a la escena de la fiesta en el barco, verías la luz del sol, los bailes, muchas caras felices y, en definitiva, una gloriosa escena de desenfreno adolescente durante las vacaciones.

La realidad en el set era otra historia. En primer lugar, hacía muchísimo frío, ya que corría un viento helado. El barco estaba lleno de extras con falso bronceado que se peleaban por grandes mantas marrones para mantener el calor y que tomaban pastillas para el mareo en un intento de no vomitarse encima. A veces, rodar cinco minutos de la versión final suponía horas de trabajo. En resumen, la experiencia distaba mucho del glamuroso estilo de vida que me había imaginado de pequeña.

Fue en esa semana cuando abandoné definitivamente el sueño de ser actriz. A decir verdad, mucha gente finge que su vida es una superproducción perfectamente montada cuando, detrás de las cámaras, tienen frío, están enfermos y se acurrucan cabizbajos bajo una manta: la mujer que se niega a compartir con sus amigos que su marido la engaña por miedo a ser juzgada; el hombre que aparenta un matrimonio feliz para ocultar que es gay; el abogado que vuelve a casa y bebe todas las noches porque su carrera de éxito le consume.

Tratar de mantener todo en orden y ser perfecto es agotador. Mantener las apariencias por miedo a que alguien vea tu verdadero yo es una ruta segura para acabar siendo presa de la infelicidad. El amor propio significa tener la sinceridad y el coraje de mirar tu vida a los ojos sin pestañear y preguntarte: «¿Es esto lo que quiero de verdad? ¿Estoy siendo la persona que quiero ser de verdad?».

DI QUE NO

Quererte a ti mismo también significa elegirte a ti mismo y gestionar tu energía para que puedas estar lo más animado posible y totalmente centrado en tu camino de la manifestación. Imagínate a ti mismo como un generador de energía. Necesitas estar lleno de vibras positivas, y cada vez que eliges hacer algo que no te llena es como si estuvieras tirando de un cable de tu generador, lo que provoca una pérdida de energía. Tienes permitido ser egoísta y ponerte a ti en primer lugar. Cuando reconozcas que tu energía es crucial para tu éxito, podrás evitar a toda costa perderla.

LA HISTORIA DE ELLA

Me gustaría presentarte a Ella: una complaciente crónica a la que le resultaba difícil decepcionar a alguien. Esto significaba que siempre estaba diciendo que sí a todos y a todo, y por lo tanto nunca tenía tiempo para sí misma. Esto no solo la agotaba físicamente, sino también desde el punto de vista mental y de la energía, porque cada vez que tenía que decir que sí a algo que no la entusiasmaba, se llenaba de resentimiento. Cuando tu corazón no está dispuesto a algo y dices que sí, es porque tu Ego te está diciendo que eres una mala persona, así que en lugar de comportarte de acuerdo con tu deseo, finges y actúas.

DEJA DE PEDIR OPINIÓN A LOS DEMÁS

Una forma de confiar en ti mismo y quererte es abandonar tu necesidad de validación por parte de los demás. Todos lo hacemos. Ese momento en el vestuario en el que te miras en el espejo y piensas en secreto que te ves espectacular, pero aun así le pides a tu amigo que te dé su opinión. ¿Cuántas veces le has preguntado a alguien si prefiere tu pelo de una manera determinada, o si le gusta lo que llevas puesto, o qué le parece la gran decisión que estás a punto de tomar?

Cuando te respetas a ti mismo, no esperas a que otro te diga si te ves bien o si estás haciendo lo correcto. Te quieres lo suficiente como para tomar esa decisión por ti mismo y aceptarla con valentía. Sí, habrá ocasiones en las que realmente necesites una segunda opinión, pero procura que eso no ocurra con frecuencia. Aprende a validarte a ti mismo.

¡HAZ QUE CADA DÍA SEA TU CUMPLEAÑOS!

Ya he explicado antes que el amor propio es una práctica y que parte de ella consiste en celebrarse a uno mismo. En este mundo tan frenético y acelerado no nos tomamos ni un momento para reflexionar sobre lo lejos que hemos llegado. ¿Cuándo fue la última vez que paraste y te tomaste el tiempo para celebrarte y recompensarte a ti mismo? Si te cuesta hacerte a la idea, que sepas que no eres el único.

Yo solía creer que celebrarse a uno mismo solo ocurría en los cumpleaños, e incluso en esos casos se trataba de que otras personas me celebrasen a mí. Nunca me sentaba y me decía: «Oye, Noor, lo has hecho bien». Si estás constantemente haciendo y no siendo, te perderás todos los momentos bonitos de la vida. A veces nos tomamos la vida demasiado en serio y nos apegamos tanto al resultado final que nos olvidamos de disfrutar del camino.

LA HISTORIA DE JASMIN

Jasmin es empresaria y madre y sus días son de lo más ajetreados. Todas las mañanas escribía una enorme lista de tareas pendientes y al final del día su mente se obsesionaba con las cosas que no había tachado en vez de con las que sí había hecho. En lugar de reconocer que había alcanzado

ciertos objetivos y celebrarlo, había caído en la trampa de castigarse por lo que no había logrado.

Esto es como enseñarle el dedo al Universo y una forma segura de sintonizar con MierdaFM. No esperes a alcanzar tus objetivos para dedicarte un aplauso. Cuando te tomas tiempo cada día para reconocer las pequeñas acciones que estás llevando a cabo hacia la realización de tus objetivos, refuerzas esas acciones. Al Universo le encantan las fiestas y cada vez que te felicitas por haber superado un día y haberte acercado a tus objetivos, sintonizas con la frecuencia adecuada.

Celebrar tus éxitos te motiva a conseguir más, lo que a su vez dispara tu confianza. Al hacerlo, le estás diciendo al Universo que eres imparable, y esto, a su vez, atrae más energía positiva a tu vida. ¿Estás listo para ser el dueño de tu magnificencia? Mereces que se reconozcan tus logros, aunque sean pequeños. Si tú no te celebras a ti mismo, ¿quién lo hará?

PUNTOS FUNDAMENTALES

- El amor propio es algo más que darse un baño. Es apreciarte profundamente a ti mismo y a tu historia.
- Hasta que no te quieras a ti mismo, nunca dejarás que tus deseos más profundos se manifiesten por completo.
- Perdonarte a ti mismo y a los demás es crucial.
- Está bien decir que no y ser egoísta.
- Celébrate cada maldito día.

BAILA COMO SI NADIE TE VIERA

Dedica un minuto al día a celebrar tu vida: haz que cada día sea tu cumpleaños. Te colocará en un estado de alta vibración. Ve a tu lista de objetivos y escribe una cosa que harás por ti cada vez que lo consigas: ya sea comprar un regalo, tomar una copa de champán o reservar un viaje, solo tienes que decidir cómo lo vas a celebrar.

La vida no es una carrera. Cuando aprendes a encontrar la diversión en el camino, el destino merece mucho más la pena.

OCHO

TU PALABRA ES TU VARITA MÁGICA

Tu diálogo interno y externo lanza hechizos a tu vida: a veces puede tratarse de magia blanca, pero otras puede tratarse de magia muy muy negra.

Cuando era más joven, solía jugar a un juego. Se llamaba «Yo nunca...». Por lo general, se jugaba con unos cuantos amigos y una botella de alguna bebida barata que había comprado en un viaje al extranjero por cuatro duros y que sabía a metanol. Las reglas del juego son sencillas. Cada jugador tiene una bebida y la oportunidad de hacer una declaración que empieza con «Yo nunca» seguida de algo inapropiado que haya hecho. Después, si hay alguien que también lo haya hecho, tiene que tomar un trago de su bebida. El resultado es un grupo de chicas borrachas y risueñas que desvelan sus secretos más profundos.

Pues bien, me he dado cuenta de que hay un nuevo juego al que jugamos de adultos. Es el juego de «Yo nunca podría...», pero en esta versión desvelamos nuestras creencias limitadoras más profundas. Nos encierra en un lugar en el que nos sentimos pequeños y alejados de vivir nuestro verdadero potencial. Por ejemplo:

- **«Yo nunca podría dejar el azúcar» hace que sigas viviendo una vida poco saludable.**
- **«Yo nunca podría dejar mi trabajo» hace que sigas siendo infeliz.**
- **«Yo nunca podría dejar a mi pareja» hace que sigas metido en una relación tóxica.**
- **«Yo nunca podría empezar ese negocio» hace que sigas muy lejos de cumplir tus sueños.**

Ya vas captando lo esencial.

Cuando me di cuenta de que en mi vida estaba jugando al «Yo nunca podría...», decidí que era hora de cambiar. ¿En qué parte de tu vida estás jugando a este juego? Como ya hemos explicado antes en el libro, las creencias que te has formado están creando narrativas que te limitan. Cambiar patrones de pensamiento arraigados tras una década de condicionamiento no es tarea fácil, pero utilizar el poder de tus palabras para ayudarte en el camino es crucial, y de eso trata este capítulo.

Quiero que entiendas que las palabras son potentes. Tu diálogo interno y externo lanza hechizos a tu vida: a veces puede tratarse de magia blanca, pero otras puede tratarse de magia muy muy negra.

Después de percatarme de que estaba jugando a «Yo nunca podría...», me fascinó entender cómo el poder de nuestras palabras y ser optimista versus pesimista afecta a nuestra vida. Hay estudios que demuestran que, cuando decimos algo muchas veces (interna o externamente), empezamos a creérnoslo. Lo que sale de nuestra boca determina cómo nos sentimos, cosa que define nuestras acciones, cosa que, por supuesto, repercute en nuestros resultados.

EL ARTE DE LA ESPERANZA

Me he pasado años convenciéndome de que mi vida estaba maldita y, sinceramente, se me daba tan bien lo de ser dramática y sacar la carta de víctima sin ningún pudor que no estaba segura de cómo podía cambiar. Richard Bach dijo: «Justifica tus limitaciones, y ciertamente las tendrás».

Así que cuando llegué a los veinte años y empecé a meterme en el mundo del desarrollo personal y me dijeron que uno podía entrenarse para cultivar el lado bueno de la vida, me mostré escéptica. Sin duda, si pudieras elegir ser positivo, todo el mundo lo haría, ¿no?

Pues no.

Tal vez, como yo, hayas tendido a centrarte en los aspectos más oscuros de la vida y hayas pensado primero en lo peor que podría ocurrir cuando estás a punto de emprender una nueva aventura empresarial o de embarcarte en una nueva relación. Yo solía decirme a mí misma que la Nochevieja era una noche maldita del año y que las cosas siempre saldrían mal: he tenido la triste experiencia de que me dejaran tres veces en esa misma noche para demostrar que lo que crees que va a pasar, pasa. Me había entrenado para estar atenta a que las cosas salieran mal y el Universo siempre cumplía. Recuerda: lo que piensas se convierte en cosas, y yo lo estaba manifestando a las mil maravillas, pero por todas las razones equivocadas y de todas las formas equivocadas.

Puede que, como yo, hayas asumido que nunca vas a conseguir el cuerpo por el que tanto estás trabajando incluso cuando acabas de empezar una nueva dieta o si has vuelto a hacer ejercicio. Puede que la idea de que las cosas no van a funcionar te haya impedido incluso empezar una nueva relación. Y quizá los fracasos del pasado te han demostrado que tenías razón al pensar que esas cosas nunca podrían funcionar, razón por la cual juegas voluntariamente al juego de «Yo nunca podría...». Como ya he dicho antes, nuestra mente no está diseñada para hacernos felices, sino para mantenernos a salvo. Esto significa que, por naturaleza, es más probable que busques los riesgos que pueden frenarte en lugar de las recompensas que te hacen avanzar.

Pero seamos realistas: en el mundo moderno en el que vivimos la mayoría de nosotros, no es demasiado probable que nos devore un tigre mientras hacemos la compra semanal o que nos ataque un oso de camino a clase de yoga. Evaluar los riesgos constantemente parece una pérdida de tiempo y energía.

No me malinterpretes, es útil en determinadas situaciones. Por ejemplo, ojalá hubiera evaluado los riesgos antes de coger el micrófono en mi boda e insultar a todo el que se negara a subir a la pista de baile: fue una forma eficaz de enajenar a toda mi nueva familia apenas una hora después de casarme. Pero no es tan útil como tu forma de pensar *de facto*. ¿Por qué? Porque un pensamiento negativo lleva a un discurso negativo y un discurso negativo casi siempre lleva a comportamientos negativos.

Sin embargo, el psicólogo estadounidense Martin Seligman se atrevió a sugerir que cualquier persona podía aprender nuevos comportamientos si empleaba nuevas estrategias cognitivas; es decir, si conviertes nuevas formas de pensar y hablar en un hábito, puedes invertir esa mentalidad pesimista. Seligman demuestra que la forma en que explicas las situaciones y los retos a los que te enfrentas (tanto actuales como futuros) determina si eres un tipo de persona que ve el vaso medio lleno o medio vacío. Esto significa que, si cambias la forma en que cuentas las cosas que te ocurren, tu posición *de facto* es capaz de cambiar de pesimista a optimista.

El diccionario *Merriam-Webster* define el optimismo como una «esperanza y confianza en el futuro o en el éxito de algo». Por el contrario, su definición de pesimismo es «una tendencia a ver el peor aspecto de las cosas o a creer que ocurrirá lo peor».

Seligman sugiere que hay que estudiar el diálogo interno que se produce dentro de nuestra propia cabeza para determinar nuestra actitud general ante la vida. Por ello, si aprendes a cambiar tu diálogo interno (o, como lo llama Seligman, tu estilo explicativo) de manera constante, aprenderás a mantenerte optimista de manera constante.

Yo no creía que fuera pesimista hasta que examiné mi conversación, interna y externa, con un microscopio enorme y, aunque siempre he tenido una personalidad muy extrovertida, mi forma de hablar no tardó en indicar que era mucho más pesimista de lo que jamás hubiera imaginado. Tenía mucho trabajo por hacer. Desde una perspectiva espiritual, al cambiar nuestro diálogo cambiamos nuestra vibración, y a estas alturas del libro ya deberías tener muy claro cuál es el resultado de cambiar tu vibración. Tu modo de pensar sobre un acontecimiento determina cómo reaccionas ante él. Y esta reacción determina el resultado que obtendrás.

El poder de lo que piensas sobre un acontecimiento pasado realmente determina cómo reaccionas ante acontecimientos futuros y, por ello, da forma al tono general de tu experiencia en la vida. Si vienes de una serie de relaciones frustradas, lo más probable es que tomes esas experiencias, les des sentido desde un punto de vista negativo y luego inscribas la opinión de que todas tus relaciones futuras no funcionarán de forma subconsciente. Esta es una forma irracional y perjudicial de pensar, porque tú tienes el poder de cambiar por completo todas tus relaciones futuras y manifestar una relación duradera, feliz y satisfactoria si eliges creer y pensar en positivo.

LAS TRES «P»

Hay tres dimensiones que hay que tener en cuenta a la hora de decidir en qué punto de la escala de actitudes te encuentras:

- **Permanencia**
- **Presencia**
- **Personalización**

Veamos cada una de ellas por separado.

Permanencia

La primera se refiere a cómo de permanentes consideras que son las situaciones. Solía decir: «Las dietas nunca funcionan». Como puedes ver, es bastante pesimista, ya que utilizaba la palabra «nunca». Creer que los malos acontecimientos persisten y pensar en las cosas malas en términos de «siempre» y «nunca» indica que tienes un estilo explicativo pesimista.

Un optimista vería el nivel de permanencia de una forma mucho menos absoluta, como un contratiempo temporal, así que podría decir: «Las dietas nunca funcionan cuando como fuera de casa». Como puedes ver, el optimista reacciona ante la situación con una sensación de poder personal y aísla el marco temporal a cuando sale a cenar y no a todo el tiempo. Lo más importante es que entiendas que también se aplica a lo contrario. Las personas pesimistas también ven las cosas buenas que ocurren como algo temporal. Un pesimista puede decir cosas como: «Es mi día de suerte», lo que implicaría que la mayoría de los demás días no lo son.

Yo no quería ser pesimista y, puesto que es el principal factor que determina la depresión, me alegró librarme de ello. Los pesimistas reaccionan ante los contratiempos asumiendo que no tienen ningún control sobre el suceso y adoptan una característica llamada «indefensión aprendida», y reaccionan ante todos los sucesos utilizando el paradigma de «Me rindo» o «No importa lo que haga, todo me sale mal».

Esta indefensión aprendida se transforma en una marcha automática y, si dejamos que dirija el espectáculo, puede tener efectos devastadores. Los pesimistas consideran que los malos acontecimientos son inevitables, que van a durar mucho tiempo, que minan todo lo que hacen y que se deben a una debilidad subyacente que tienen y que no pueden cambiar. Si te dices continuamente que un problema no tiene solución (actitud pesimista), lo más probable es que no lo soluciones. Es crucial comprender que incluso las personas más optimistas pueden llegar a sentirse momentáneamente indefensas cuando ocurre algo malo, pero es la capacidad de recuperarse del contratiempo lo que separa a una persona que ve el vaso medio lleno de otra que lo ve siempre medio vacío.

Presencia

La segunda dimensión que hay que tener en cuenta al evaluar el grado de pesimismo es si crees que el contratiempo es específico de esa situación concreta o no. Esto se denomina presencia. Algunas personas pueden guardar sus problemas en una caja y seguir adelante con sus vidas, pero otras no.

LAS HISTORIAS DE ANNIE Y MATTHEW

Puede que Annie tenga problemas en su relación, pero los deja a un lado cuando está en el trabajo y no influyen en sus tareas. En cambio, Matthew lo convierte todo en una catástrofe. Cuando en su vida se abre una herida metafórica, hay sangre por todos lados. Matthew lo deja todo aunque el fracaso solo se haya producido en un área de su vida. Por esta razón, la indefensión aprendida es uno de los correlatos más fuertes de la depresión, porque te hace sentir en un estado de vulnerabilidad constante, con miedo a ser atacado y te cierra el paso a cualquier oportunidad de ser feliz.

Personalización

El último aspecto del estilo explicativo y que determina lo pesimista que eres es decidir si un problema es interno o externo. Cuando ocurren cosas malas, podemos culparnos a nosotros mismos o a influencias externas. A esto se le llama personalización.

LA HISTORIA DE KEVIN

Kevin se culpaba constantemente de las dificultades que tenía para que su negocio tuviera éxito. Interiorizaba el problema y lo achacaba a su estupidez en lugar de buscar una

solución. Esto le llevó a tener una baja autoestima. Kevin hablaba consigo mismo como si estuviera hablando con su peor enemigo.

Es importante señalar, sin embargo, que tampoco queremos culpar a los demás de lo que nos ocurre y que, desde una perspectiva espiritual, tenemos que asumir toda la responsabilidad de nuestro camino. Por ello, añadiré una advertencia: asumir la responsabilidad de una situación y culparte a ti mismo son dos cosas muy distintas. En última instancia, lo que quieres es cambiar, así que es indispensable que asumas la responsabilidad de hacer ese cambio sin tomártelo como algo personal, como Kevin.

La responsabilidad es tu capacidad para responder a un reto desde un lugar de poder y crecimiento personal. Aceptar el fracaso como parte de una curva de aprendizaje es el secreto para no interiorizar las cosas desde un punto de vista negativo. Asumir la responsabilidad te da la oportunidad de profundizar y encontrar una solución desde dentro en lugar de culparte a ti mismo.

Así que, como puedes ver, hay magia y mérito en aprender a quitarte los pantalones del pesimismo y ponerte los pantalones (muy sexis) de la positividad, con todos sus adornos y sus flecos. Estos pantalones te salvarán de la desesperación de ver los contratiempos como algo permanente y los retos de la vida como una catástrofe. En definitiva, llevar los pantalones de la positividad con orgullo y aprender a ser optimista es un superpoder cuando se trata de crear la vida de tus sueños.

Dejemos una cosa clara: yo soy una gran defensora de hablar en positivo y del poder de las afirmaciones, pero esto no te da permiso para ignorar sin más los peligros de una aventura futura. No deberías gastar los ahorros de tu vida en una inversión arriesgada y utilizar el razonamiento de que es mejor ser optimista o empezar un nuevo negocio en un sector del que no tienes ni idea solo porque has creado un conjunto de afirmaciones. El poder del optimismo aprendido reside en pensar sobre las cosas que te ocurren de una manera diferente, lo que lleva a que hables de ellas de una manera diferente, lo que lleva a acciones diferentes que dan lugar a un resultado alternativo. En esencia, estás dominando el arte de la esperanza.

Tú tienes el poder...

LAS PALABRAS QUE TE RODEAN

Además de cambiar tu forma de hablar, es fundamental que prestes atención a las palabras que te rodean, ya que tienen un efecto directo sobre lo positiva o negativa que es tu actitud. Una de las cosas que más me asustó y que empecé a notar fue la cantidad de pesimismo y negatividad que me rodeaba a diario. Cada vez que ponía la radio, oía noticias sobre un nuevo ataque terrorista. Cada vez que entraba en Facebook, alguien se quejaba del lamentable estado de la política. Cada vez que encendía la televisión, había otro *reality-show* que ponía en evidencia rupturas e infidelidades. Mirara donde mirase, siempre había una oportunidad de ver que el mundo era una mierda. Me di cuenta de la cantidad de cotilleos que circulaban a mi alrededor, de las repetitivas declaraciones sobre lo aburrido que era el trabajo y de las interminables quejas de mucha gente que no estaba contenta con su vida. Es fácil entender por qué la depresión está tan extendida.

Me puse a pensar en lo diferente que sería el mundo si las emisoras de radio emitieran noticias que compartieran éxitos y celebraciones en lugar de desgracias a cada hora. Los seres humanos, al parecer, estamos obsesionados con contemplar el dolor de los demás. ¿No es un poco enfermizo que disfrutemos viendo películas de terror y que lo llamemos entretenimiento? Y lo dice alguien a quien le encantaban las películas de terror. Por lo general, a los catorce años un niño ya ha visto por lo menos a cinco personas asesinadas en televisión. Cada vez que vemos esos programas, se libera un bajo nivel de cortisol (la hormona del estrés) en nuestro torrente sanguíneo, lo que significa que estamos en un estado constante de estrés de bajo nivel. Esto, a su vez, tiene efectos adversos en nuestra salud y nuestro cuerpo, y también afecta a nuestra energía y a nuestra vibración.

Una de las primeras cosas que hice cuando me propuse cambiar mi vida fue dejar de escuchar las noticias, dejar de ver la televisión si me ponía triste o me enfadaba y deshacerme de cualquier amistad que se tomara la molestia de ser negativo en el muro de Facebook. También decidí alejarme de situaciones sociales en las que la gente prefiriera cotillear o quejarse en lugar de entablar una conversación significativa.

Esta decisión consciente de tener mucho cuidado con lo que dejaba entrar en mi cerebro fue, para mí, una enorme recuperación del control. Algunas personas me juzgaron por ello alegando que aislarme del mundo «real» era, en realidad, ser egoísta. Pero desconectarse del flujo constante de negatividad no significa que no me importe lo que está pasando. Todo lo contrario: si vivimos en un estado negativo que nos impide desarrollar todo nuestro potencial, está claro que no podremos contribuir a solucionar los problemas del mundo.

Personalmente, esta limpieza de conciencia y la decisión de apartar la negatividad de mi vida fueron liberadoras e hicieron que aumentara mi felicidad, que mis ingresos se dispararan y que mi tiempo libre se ampliara para poder hacer cosas más gratificantes. Además, no quería que mis hijas estuvieran expuestas al horror del mundo hasta que fueran un poco mayores. Me gustaría que disfrutaran de ser niñas todo el tiempo que puedan.

PUNTOS FUNDAMENTALES

- Tus diálogos internos y externos son grandes indicadores de cómo afrontas la vida.
- Para determinar tu actitud general con respecto a la existencia, necesitas analizar tu diálogo interno: es lo que el psicólogo estadounidense Martin Seligman define como «estilo explicativo».
- Hay tres dimensiones que debes tener en cuenta para decidir en qué punto de la escala de actitudes te encuentras: permanencia, presencia y personalización.
- Sé consciente de lo que dejas entrar en tu espacio: las palabras que te rodean están dando forma a tu propio diálogo.
- Ser positivo no significa ser estúpido o reacio al riesgo. Significa que buscas cada oportunidad de crecimiento y ves cada reto a través de la lente de la posibilidad.

COMPRUEBA TU DIÁLOGO

Quiero que te hagas una idea de cómo te hablas a ti mismo. Coge un papel o utiliza la sección de notas al final de este libro; tengo un pequeño ejercicio para ti.

Quiero que pienses en un área de tu vida con la que no estás satisfecho: quizá sea tu sueldo, tu salud física o tu relación de pareja. Sea lo que sea, mantén en tu mente el área de tu vida con la que no estás contento. Luego quiero que digas en voz alta: «No es suficiente».

Ahora quiero que escribas las palabras «Eso significa que soy...» y luego completes la frase. ¿Qué significa para ti que no ganes lo suficiente, que tu matrimonio esté fracasando o que te hayas dejado hasta el punto de no sentirte bien con tu cuerpo?

Por ejemplo:

- «Eso significa que soy un fracasado».
- «Eso significa que soy un perdedor».
- «Eso significa que estoy defraudando a mi familia».
- «Eso significa que soy estúpido».
- «Eso significa que nadie me puede querer».
- «Esto significa que soy vago».
- «Eso significa que soy feo».

Escribe lo que se te pase por la cabeza.

Es imprescindible que te permitas escribir todo lo que se te pase por la cabeza. La razón por la que este ejercicio es tan poderoso es porque te ayudará a empezar a reconocer ese diálogo interno negativo y lo perjudicial que es. Permítete sentir de verdad las palabras que escribes.

Ahora, mira tu lista e imagina que un niño pequeño está a punto de levantarse y representar el papel principal en una obra de teatro, pero su profesora le pilla por sorpresa y comienza a criticar todos los aspectos de su actuación. ¿Por qué estaría ese niño contento y entusiasmado por volver a actuar después de oír que es un perdedor o un fracasado? ¿Podría seguir adelante y dar lo mejor de sí mismo? Por supuesto que no, y por eso hablar negativamente de uno mismo es muy perjudicial y refuerza la conexión negativa con las creencias de mierda que tienes sobre ti mismo.

Ahora quiero que le des al interruptor y que cambies todas las frases negativas que te dices a ti mismo por afirmaciones positivas. Si sigues diciéndote a ti mismo que no eres lo suficientemente inteligente para montar un negocio, cámbialo por: «Soy un empresario increíble con toda la inteligencia que necesito». Coge tu teléfono y graba cada afirmación. Quiero que repitas estas afirmaciones positivas siete veces. Después, escúchalas todas las mañanas y todas las noches.

NUEVE

NO TODOS LOS KARMAS SON IGUALES

El Universo registra y equilibra el karma, que nunca lo olvida. Los pensamientos, emociones, palabras y actos de amor son créditos. Los negativos son deudas.

Seguro que has oído aquello de que el karma es un rollo. Puede que sea así, pero el karma no consiste en un castigo y no hay que verlo así. Es un poderoso intercambio de energías que nos hace seguir aprendiendo. Cada vez que pensamos, hablamos o actuamos estamos emitiendo energía al mundo, que luego se refleja en nosotros. El karma es tanto una acción como la consecuencia de esa acción; es causa y efecto simultáneos porque cada acción genera una fuerza de energía que vuelve a nosotros del mismo modo. Dicho de otra manera, «todo lo que das te será dado».

El simple hecho de creer en el karma y no actuar en consecuencia no tiene ningún efecto real. Es tan útil como creer en una alimentación sana sin cambiar tu mala dieta. Debes tener una comprensión clara del karma y aplicar esa comprensión a tu vida para encontrar la paz interior y la felicidad. Cuando visité Los Ángeles por primera vez en 2015, me impactó realmente ver a tantas personas sin hogar. Había gente viviendo en cada esquina. Lo que siempre me ha parecido bastante angustioso es la actitud de la gente hacia las personas sin hogar y la reticencia a darles dinero alegando que «solo lo van a usar para comprar droga». Sinceramente, creo que nadie elige vivir su vida así y debemos tener compasión.

Una tarde, pasamos junto a un hombre tumbado en la acera y mi hija, que entonces tenía tres años, preguntó con tristeza por qué aquel hombre no tenía una cama. Cuando le expliqué que no todo el mundo tenía un hogar, me preguntó si podía darle su manzana. Le dije que por supuesto, y su amabilidad me llenó el corazón. Se la dejó junto a la cabeza con una sonrisa y me sentí agradecida de que mi hija fuera capaz de sentir compasión. Más tarde, ese mismo día, nos preguntó si podíamos dar más manzanas a personas sin hogar, y con mucho gusto la ayudamos en su cometido.

Fue una experiencia que nos permitió ver todo tipo de reacciones. El primer hombre al que señaló tenía un cartel que decía: «No me des dinero, dame drogas». No creí que una manzana fuera suficiente y, como no tenía *crack* a mano, pasamos al siguiente. Feliz, cogió la manzana y nos dio las gracias por nuestra amabilidad. Seguimos caminando y Layla señaló a otro, esta vez sentado en una parada de autobús. Yo me acerqué y le dije: «Disculpe, ¿quiere una manzana?». Me miró con asco y luego abrió la boca, enseñando sus encías: «No tengo dientes. Dame dinero». A pesar de que había perdido los modales, además de sus dientes, rebusqué en mi bolso, le di un billete de cinco dólares y me marché. Lo bendije en silencio y confié en que gastara el dinero sabiamente.

Ahora me he impuesto esta norma: cada vez que veo a alguien que necesita ayuda, intento ayudarlo. Quiero que mis hijas aprendan a ser compasivas y siempre les digo que cuando hacen el bien este les será devuelto.

He aquí otro ejemplo del karma en acción. Estaba sentada en un tren volviendo de la universidad. Mi embarazo estaba muy avanzado, y me sentía realmente cansada y con ganas de irme a la cama. El revisor se me acercó y le dije que me habían dejado subir justo cuando el tren se iba, indicándome que debía comprar mi billete a bordo durante el trayecto. Para pagar, pasó mi tarjeta, pero el datáfono no la aceptaba. Había más de diez mil libras en esa cuenta, así que supe que algo raro estaba pasando. Era uno de esos revisores implacables, así que me dijo que tenía que bajar en la siguiente parada, buscar un cajero automático, sacar dinero y coger el siguiente tren.

Le pregunté, estupefacta, si lo decía en serio. Él me respondió que si no podía pagar, debía bajarme.

Me dio un vuelco el corazón. Estaba agotada y ahora me iba a perder la hora de acostar a las niñas. Me entraron ganas de insultarlo o de utilizar la técnica del llanto, pero en aquel momento ocurrió algo muy hermoso. La mujer que estaba detrás de mí me dio un billete de cinco libras, la que estaba a mi lado sacó su monedero lleno de calderilla y el hombre que estaba enfrente sacó su tarjeta. Todos dijeron que pondrían algo para ayudarme. Su amabilidad me llenó el corazón. Se lo agradecí a todos y le di las gracias a mi karma por haberme devuelto el favor multiplicado por diez.

El karma puede ser tu mejor amigo si las acciones que realizas vienen dictadas por el amor. Nos guste o no, todo lo que ocurre en nuestras vidas es el resultado de una elección del pasado. Si haces algo bueno, recibes lo bueno de vuelta; si haces algo malo, recibes lo malo de vuelta. Es así de simple, amigos.

El Universo registra y equilibra el karma, que nunca lo olvida. Los pensamientos, emociones, palabras y actos de amor son créditos. Los negativos son deudas. Y el karma siempre guarda el recibo. El Universo recurre a él cuando menos lo esperamos. Cuando no somos conscientes del karma, lo llamamos destino o suerte. Puede que no recibas tu karma esa semana o ese año –puede que pase toda una década–, pero siempre llega. Incluso el mal karma puede enseñarnos grandes lecciones, y es nuestro trabajo aceptar la Inteligencia Universal por hacer exactamente lo que necesitamos en cada momento. El mal karma tiene lecciones de las que debemos aprender para pagar esa deuda universal.

A menudo, los despertares espirituales ocurren después de una época de mucho dolor, y eso es exactamente lo que me pasó a mí. Puede que tengas que perder tu trabajo o tu dinero, experimentar la pérdida de alguien cercano o una traición por parte de alguien a quien amas, o enfrentarte a una verdadera adicción con el fin de superar la mierda del Ego. La mierda de mi Ego era el miedo a no ser lo suficientemente buena, lo cual resultaba en ansiedad. Puedo decirte de forma categórica que los retos que el mal karma pueda traerte solo sirven como una oportunidad para que te vuelques por dentro.

ELEGIR ES TU ELECCIÓN

En cada momento de nuestras vidas nos encontramos en ese campo de todas las posibilidades en el que tenemos acceso a infinitas opciones que dan lugar a diferentes resultados. Sin embargo, aunque tenemos el poder de controlar nuestras elecciones, nos hemos convertido en robots con reflejos condicionados que se encienden ante las personas y los acontecimientos y que dan lugar a comportamientos predecibles. Esto ocurre de forma inconsciente. Al igual que los perros de Pávlov, respondemos a los estímulos, pero, dado que nuestras respuestas son tan automáticas, olvidamos que se tratan de elecciones que estamos tomando. El fisiólogo ruso Iván Pávlov es famoso por demostrar que, al darle comida a un perro cada vez que suena una campana, el perro empieza a salivar, aunque no haya comida, cada vez que se toca la campana. De forma no muy distinta, los seres humanos tenemos una respuesta predecible y repetitiva a determinados estímulos de nuestro entorno.

La mejor manera de entender y maximizar el uso de la ley kármica es ser consciente de las elecciones que haces en cada momento. Si yo te dijera que eres un completo perdedor, lo más probable es que elijas ofenderte sin darte cuenta de que esa reacción es una elección. Si te dijera que eres lo mejor desde la *crème brûlée* vegana, lo más probable es que te lo tomes como un cumplido y me lo agradezcas. En cualquier caso, sigue siendo una elección, aunque la respuesta sea automática.

Como parte de tu viaje de excavar el Alma en este libro, tienes que comprometerte a empezar a ser testigo de tus elecciones. Es esta conciencia la que te dará una sensación de empoderamiento y un repentino sentimiento de control a medida que lleves este proceso inconsciente al ámbito consciente.

Cuando vayas a tomar una decisión, pregúntate dos cosas.

Primero: «¿Cuáles son las consecuencias de esta elección?». Si te tomas un segundo para comprobarlo contigo mismo, sabrás inmediatamente cuáles son esas consecuencias. Hay un mecanismo muy poderoso que tiene el Universo para ayudarte a tomar decisiones espontáneamente correctas. A menudo, a esto se lo conoce como intuición, que en mi opinión es uno de los mejores superpoderes que tenemos los seres humanos (lo trataremos con más detalle en el capítulo 10).

Este superpoder tiene que ver con las sensaciones de tu cuerpo. Tu cuerpo experimenta dos tipos de sensaciones: una es una sensación de comodidad; la otra es una sensación de incomodidad, y a menudo se siente en el estómago. Sí, esa infame sensación que todos conocemos, pero que algunas personas son demasiado escépticas para seguir. Para algunos, la sensación de comodidad o incomodidad está en la zona del plexo solar, pero para la mayoría de las personas está en la zona del corazón. Focaliza conscientemente tu atención en el corazón y pregúntale qué hacer. Luego espera su respuesta; una respuesta física en forma de sensación. Puede que sea una sensación muy leve, pero ahí está.

La segunda pregunta que debes hacerte es: «¿Me traerá felicidad a mí y a los que me rodean esta decisión que estoy tomando?». Si la respuesta es sí, entonces sigue adelante con esa decisión. Sin embargo, si esa decisión te va a causar angustia a ti o a los que te rodean, entonces no la tomes. Así de sencillo. Solo hay una elección, entre todas las infinitas elecciones disponibles en un momento dado, que te traerá felicidad a ti y a los que te rodean. Cuando tomas la decisión correcta, el resultado será la respuesta correcta a cada situación que se presente. Es el comportamiento el que te alimenta a ti y a todos los que se ven influidos por esa acción.

ACTIVAR EL BUEN KARMA

Así que ¿cómo activar el buen karma? Tienes que ser positivo y respetarte a ti mismo, lo que significa responsabilizarte de tus actos y respetar los de los demás. También debes estar dispuesto a corregir tus errores, pedir perdón, compartir conocimientos y ser compasivo. Por último, cuando se trata del resultado de una acción, la intención que hay detrás es más importante que el acto en sí.

Dos personas pueden realizar la misma tarea con dos intenciones diferentes. Alguien puede montar un negocio lucrativo con la genuina intención de ayudar a los clientes a satisfacer una necesidad, mientras que otro vende un producto simplemente por dinero y codicia. Solo el primero conseguirá resultados positivos. Cuanto más consciente seas de tus elecciones, más espontáneas serán las decisiones correctas que tomes, tanto para ti como para los que te rodean.

Tienes la elección de crear lo que quieres aprovechando el conocimiento de que todo en el Universo funciona a través de un intercambio. Cada relación es un dar y recibir, porque dar y recibir son diferentes aspectos del flujo de energía en el Universo. Tomemos la palabra inglesa *currency*, que se utiliza para hacer referencia a la moneda. Si nos fijamos en su etimología, encontramos que deriva de una palabra del latín que significa «correr», «fluir». El dinero es un símbolo de la energía vital que damos y de la energía vital que recibimos como resultado del servicio que prestamos a los demás. La fluidez lo mantiene vivo y vital y, si detenemos la fluidez de la energía vital, esta se acaba estancando. Así que...

- **Si quieres aprecio, aprende a apreciar.**
- **Si quieres más dinero, ayuda a otros a ganar más.**
- **Si quieres amor, aprende a darlo.**

- **Si quieres tener una vida feliz, aprende a desearle lo mejor también al resto.**

Cuanto más das, más recibes, porque el Universo siempre corresponde a lo que das. En tu voluntad de dar aquello que buscas mantienes la abundancia del Universo circulando en tu vida. Y lo mejor es que incluso un pensamiento o una simple oración para dar tiene el poder de transformarse. Esto cambia tu mentalidad de la escasez a la abundancia.

En este mundo tan ajetreado en el que estamos tan preocupados por el «yo, yo, yo», tomarse un momento para hacer un regalo a todas las personas con las que entras en contacto puede parecer exagerado, pero es la mejor manera de experimentar cómo funciona el Universo.

Puede que estés pensando: «¿Cómo puedo dar a los demás si no tengo suficiente para mí?». Antes de que empieces a gritarme, no te estoy sugiriendo que le compres un café a un desconocido en la cafetería de tu barrio. Los regalos no tienen por qué ser cosas materiales. Un cumplido no cuesta ni un céntimo, pero puede hacer que alguien al recibirlo se sienta como si tuviera un millón de dólares. Piensa en todas las cosas increíbles que han llegado a tu vida sin haberlas pedido nunca. Es el Universo trabajando diligentemente y en segundo plano.

PAGAR LA DEUDA KÁRMICA

Pero digamos que has hecho algunas cosas en el pasado de las que no estás muy orgulloso y te inquieta la idea de qué mierda te caerá encima en el futuro. Bueno, estoy aquí para hacerte saber que hay algunas maneras de cuadrar tu cuenta con el Universo.

La opción número uno es pagar a través del sufrimiento que conlleva tu deuda kármica y aprovechar las lecciones que el sufrimiento puede darte. Sí, y te toca aguantarte. La opción número dos (que probablemente sea más atractiva) es pagar usando tu *dharma*. Tienes un don único con el que puedes servir al mundo y transmitirlo es tu deber en el mundo. Este es tu *dharma*. Si el karma es lo que haces para llegar al objetivo final (todas las elecciones que te llevan a ese objetivo), el *dharma* es tu propósito, el objetivo final. ¿Me sigues? Los dos conceptos o fuerzas están inextricablemente unidos. En el capítulo 10 hablaremos más sobre tu propósito.

¿ES TU NIÑO INTERIOR EL QUE ELIGE POR TI?

Déjame utilizar la historia de una clienta para mostrarte el profundo efecto que puede tener el comprender tus elecciones.

LA HISTORIA DE HANNAH

Hannah se había peleado con alguien que la acusaba de haber hecho algo que no había hecho. Así que reaccionó inmediatamente con rabia y se sintió disgustada y herida. La situación la agotó mentalmente durante días y no entendía por qué esa persona le afectaba tanto, ya que ni siquiera eran íntimas.

Cuando hablamos, le pregunté por qué había elegido sentirse así. Yo sabía que este sentimiento estaba provocado por algo mucho más profundo, y le pregunté a Hannah si recordaba algún momento de su infancia en el que la hubieran acusado de algo que no había hecho y que le hubiese provocado el mismo sentimiento. Casi de inmediato, recordó con todo lujo de detalles un episodio en el que, cuando tenía seis años, el director de la escuela la había regañado y castigado durante una semana por algo que no había hecho. Sus fuertes sentimientos sobre la situación actual estaban siendo impulsados por su niña interior y su narrativa pasada.

Cuando Hannah se dio cuenta de lo que estaba ocurriendo, tuvo que elegir entre dejarse llevar por su niña interior y actuar de una manera de la que se arrepentiría más tarde o tomar conciencia y elegir reaccionar ante la situación de una manera adulta. Yo la ayudé a elegir entre recurrir a su Alma, que se enfrentaría a la situación con la tenacidad de un soldado, o dejar que su Ego se desbocara. A veces es fácil sentir que no puedes controlar tus reacciones porque son demasiado fuertes, pero estoy aquí para decirte que tienes elección y es esta elección la que afecta al resultado.

Hannah decidió perdonar por dentro a la persona que le había hecho daño y tomó la decisión de alejarse del drama y dar a su niña interior el amor que merecía. Me dijo que de inmediato se sintió más ligera. Pocos días después, la mujer que la había ofendido se disculpó y le preguntó si podían pasar página y seguir adelante.

Cuando cambiamos nuestra energía y tomamos conciencia de nuestras decisiones, en lugar de poner el piloto automático y dejar que nuestros sentimientos o nuestro niño interior tomen el control, asumimos nosotros el poder. Para crecer en espíritu, primero debemos ser conscientes de nuestros pensamientos. Solo tenemos control sobre nosotros mismos, lo que pensamos y lo que sentimos. Nadie puede hacernos sentir de una determinada manera a menos que lo permitamos. Cuando cambiamos lo que somos por dentro, nuestro corazón, nuestra mente y todo lo que nos rodea cambian también.

SÉ «MÁS CANGREJO»

Siempre he pensado que los cangrejos son criaturas bastante sospechosas, caminando de lado por la vida de esa manera. Lo que no sabía del cangrejo es que, cuando el caparazón le queda pequeño, se desprende de él y le crece uno nuevo.

Una vez escuché esta maravillosa historia de un cangrejo llamado Grasper.

LA HISTORIA DE GRASPER

Un día, cuando a Grasper se le cayó el caparazón, todos los demás cangrejos le dijeron que empezaría a oír voces y que las ignorara hasta que apareciera su nuevo caparazón. Querían que Grasper se quedara quieto, pero él era curioso y se aventuró a salir de detrás de su roca, a pesar de lo que le habían dicho su familia y sus amigos.

Al salir, se encontró con el cangrejo más grande que había visto nunca. Cuando le preguntó al cangrejo grande cómo había crecido tanto, este le dijo que a él le pasaría lo mismo si se permitía abandonar la vida pequeña que conocía y aprendía a crecer. Le explicó que un cangrejo solo crece tanto como el mundo en el que vive y tanto como el corazón que lleva dentro. Si Grasper quería ser más grande, tendría que ampliar sus horizontes. Grasper se enfrentaba a una gran elección: volver a su «seguro» y pequeño hogar junto a las rocas o dar un paso hacia la versión más grande de sí mismo.

La lección, por supuesto, es que si los seres humanos queremos convertirnos en la versión más grande de nosotros mismos, tenemos que elegir entre quedarnos en lo conocido o desprendernos de nuestro yo más viejo, junto con nuestras narrativas de mierda y nuestra estrechez de miras, para ampliar nuestros horizontes. Grasper ya no solo quería sobrevivir; quería liberarse y ver lo que la vida tenía que ofrecerle de verdad. Aprendió que tenía la capacidad de elegir en lugar de ponerse el piloto automático y seguir a los demás cangrejos.

La vida es un reflejo de todo lo que nos rodea, y lo que nos rodea es un reflejo de la vida. Esta es una verdad universal y se aplica a todo en esta existencia. Debemos aprender a responsabilizarnos de nosotros mismos y de nuestras circunstancias. Las cosas no son ni buenas ni malas, son solo las etiquetas que les ponemos. Todo lo que nos ocurre sucede para ayudarnos y debemos asumir nuestra responsabilidad para poder crecer. Y no importa lo que te llevó a ese punto, solo recuerda que es una oportunidad para limpiarte y reconectar con tu propósito más profundo.

PUNTOS FUNDAMENTALES

- El karma no es algo malo ni un castigo y funciona tanto para las elecciones positivas como para las negativas.
- La mejor manera de comprender y maximizar el uso de la ley kármica es tomar conciencia de las elecciones que haces en cada momento.
- Tu cuerpo experimenta dos tipos de sensaciones: bienestar y malestar (este lo sientes en tus entrañas).
- La activación del buen karma comienza con la buena intención que hay detrás de cualquier elección. Cuanto más das, más recibes.
- Sé más cangrejo y aprende que, para crecer, es posible que tengas que convertirte en algo mucho más grande que aquello que te rodea.

ACTIVA EL BUEN KARMA

En este ejercicio vas a activar el buen karma de forma intencionada. La forma más sencilla y fácil de hacerlo es dando desinteresadamente a los demás, y una de mis formas favoritas de hacerlo son los «actos aleatorios de amabilidad».

Durante veinticuatro horas, comprueba cuántas veces puedes actuar de forma más amable. Un acto aleatorio de amabilidad puede consistir simplemente en desearle el bien a la persona que tienes delante en la cola del supermercado. Puedes desearle en silencio que tenga una buena comida con lo que ha comprado. Puedes invitar a una persona sin hogar a un café. Puedes llamar a un amigo y preguntarle si necesita ayuda con algo. No importa. Pero la idea es que, durante veinticuatro horas, seas consciente de los demás y de las formas en las que puedes dar.

La amabilidad hacia los demás produce un cambio químico positivo en nuestro cuerpo y en el de los demás. En un mundo en el que todo el mundo es tan «yo, yo, yo», comprueba a cuántas personas puedes hacer sonreír pensando en ellas. Te advierto que puede ser muy adictivo.

Ser amable con los demás es fácil, ¡así que hazlo, joder! También me encantaría que compartieras lo que has hecho en las redes sociales con el *hashtag* #jfdibekind, así seremos más conscientes de cómo podemos marcar una diferencia (aunque sea pequeña) en las vidas de los que nos rodean.

DIEZ

GOOGLE NO TIENE TODAS LAS RESPUESTAS

Rezar es hablar con el Universo;
la intuición es el Universo hablando contigo.

Estás armado con superpoderes de los que probablemente ni siquiera eres consciente y que pueden llevarte a vivir una vida increíble. He hablado de la capacidad de utilizar tus pensamientos para manifestar, pero otro superpoder que se da por sentado con demasiada frecuencia y que está muy infrautilizado es tu intuición.

Tu intuición es un don natural y un GPS interno conocido por diferentes nombres: corazonada, inspiración, ideas, instinto, sexto sentido, presentimiento... La palabra «intuición» viene del latín *intueri* («mirar dentro») y en inglés se utilizaba originalmente para la inspección espiritual, por lo que significa algo así como «ir al interior para conocer las respuestas». Opera al margen de los parámetros habituales de la experiencia y no se puede ver, oír, oler ni saborear, pero está diseñada para guiarte sin esfuerzo a la vida que siempre has imaginado.

Tu intuición es un vehículo para que tu yo más elevado, mejor y más ambicioso, se comunique contigo, y si le prestas atención te susurrará con una voz dulce: «¡Ponte a ello!». La intuición accede al ordenador cósmico –el campo de la potencialidad pura, el conocimiento puro y el poder organizador infinito– y lo tiene todo en cuenta. A veces puede que ni siquiera parezca racional, pero tu intuición tiene una capacidad de cálculo mucho más exacta y precisa que cualquier cosa que esté dentro de los límites del pensamiento racional. Es una facultad espiritual que no necesita dar explicaciones; simplemente sabe exactamente lo que tienes que hacer para que la vida de tus sueños se haga realidad y te guía felizmente en cada paso del camino.

ENERGÍA DEL ALMA

Tu intuición es, literalmente, como si el Universo te llamara por teléfono o como si te hablara tu Alma. Una vez que estás en sintonía con ello, pasas a recibir la energía de la Inteligencia Universal, que es la más poderosa que existe: ¡básicamente pasas a recibir la «energía del Alma»!

Tu Alma sabe lo que quieres, se preocupa por tus intereses y siempre tiene la razón. En esos momentos en los que tienes miedo a dar el paso hacia tu vida más grande, es esa parte de ti que quiere cogerte de la mano y decirte que des un salto de fe hacia lo desconocido. Se comunica contigo a través de una corazonada que te anima a ir en una dirección determinada. Puede ponerte a salvo en tiempos de caos, puede animarte a aprovechar nuevas oportunidades en tiempos de incertidumbre y puede conducirte a un mundo que va más allá de lo que experimentas con tus otros cinco sentidos. Y aunque todo el mundo tiene intuición, el proceso de aprender a confiar en ella es una historia completamente distinta.

¿Ha habido algún momento en el que hayas tenido la sensación de que algo era un tanto sospechoso para tu gusto? ¿Quizá te sientes negativo con alguien sin saber por qué? Y si es algo que ya has experimentado antes, ¿te has encogido de hombros y lo has dejado pasar porque has asumido que era una tontería? O puede que te haya pasado todo lo contrario: has tenido esa sensación imperiosa de que tenías que hacer algo y ha resultado ser la mejor decisión de tu vida y, sin embargo, no sabrías decir con exactitud por qué lo has hecho. Casi todo el mundo ha experimentado esos momentos en los que el razonamiento inconsciente nos lleva a hacer algo sin decirnos ni el cómo ni el porqué.

El problema es que el ruido de ese molesto Ego lleva demasiado tiempo ahogando los susurros de tu Alma. El Ego hace mucho ruido. Es como un niño de dos años que no crece nunca y no para de dar pisotones y golpear con los puños hasta que cedes a él. El Ego quiere que estés constantemente preocupado por el mundo exterior y, a pesar de ello, el secreto para aprovechar todo tu potencial y escuchar la guía que viene de tu Alma es aprender a volver la mirada hacia dentro. Tienes que ignorar la voz enloquecida del Ego.

El problema que tenemos los seres humanos es que tendemos a escuchar todo el ruido. El mundo es tan increíblemente ruidoso que necesitas auriculares con cancelación de ruido para poder hacer el trabajo interno de conectar con tu Alma. Está el ruido de tu propia mente, el ruido de las personas que te rodean, el ruido de tu cultura, el ruido de tu conciencia, el ruido de las expectativas. No somos muchos los que nos tomamos un tiempo en nuestras ajetreadas vidas, con nuestras bandejas de entrada y nuestras pantallas llenas de notificaciones, para sentarnos y acallar la cacofonía de ruidos que nos interfieren y dejar que nuestra Alma nos muestre el camino.

Tenemos que darle espacio para que lo haga. No queremos que siga luchando con el Ego. Tienes que darle permiso para que ocupe el centro del escenario y permitirle que baile dentro de ti. Tienes que aprender a ignorar los éxitos o fracasos del mundo exterior y comprometerte a estar totalmente centrado y obsesionado, de manera sana, con tu propio viaje.

Aunque ahora mismo el Ego tenga más poder, en este capítulo vamos a cambiarlo por completo. Cuando despiertas tu Alma, aprovechas el poder del potencial puro que yace dormido en tu interior. Cuando te obsesionas con tu propio crecimiento personal en lo que se refiere a ti, en vez del crecimiento personal en relación con el éxito de los demás, puedes empezar a manifestar cosas más allá de tus sueños más salvajes.

CÓMO SACAR PROVECHO DE TU INTUICIÓN

Hace unos años iba en coche a un evento escuchando el libro de Elizabeth Gilbert, *Libera tu magia*. Si no has leído o escuchado este libro, tienes que hacerlo. Es como una dosis de *crack* de unicornio para el alma (para tu información, el *crack* de unicornio es una droga legal).

En el libro, Elizabeth habla de cómo el miedo le impidió escribir su primer libro y cómo al final lo superó y se convirtió en una autora de éxito. Mientras conducía, sentí que una extraña electricidad empezaba a recorrerme todo el cuerpo. Se me pusieron los pelos de punta y percibí un cosquilleo en la sangre. Tuve la sensación omnipotente, el saber, de que debía escribir y de que escribiría un libro. Eso es lo increíble de tu Alma: puede comunicarse contigo de formas muy distintas, a través de la inspiración, las ideas o, mi favorita, con la «mano de Dios», más comúnmente conocida como «piel de gallina».

Pero durante un tiempo no hice caso de esta sensación.

«No seas ridícula, ¡no eres nadie!», me susurraba mi Ego.

Eso fue hasta un año después, cuando me pidieron que fuera sincera, realmente sincera, sobre lo que quería hacer con mi vida y cómo podía tener un mayor impacto en el mundo. Así que escribí en letras bien grandes: «Escribir un libro». Sabía que tenía que hacerlo, que había llegado el momento de tener la valentía de hacerlo.

Bien, el asunto es el siguiente: conseguir un contrato para un libro es muy difícil y, en mi mundo, yo no era nadie. Solo era una chica con un gran sueño. Pero sabía que era lo que quería y lo que podía hacer. ¿De dónde procedía ese cálido y reconfortante «saber»? De mi Alma. Le estaba permitiendo brillar. Confiaba en ella como en una madre y la escuchaba con devoción.

La serie de acontecimientos que se desencadenaron a partir de entonces fue milagrosa. Una vez que empiezas a escuchar los impulsos de tu Alma, comienzas a ver pistas por todas partes que te guiarán hacia lo que tu corazón desea. Al haber admitido que lo que quería era escribir y publicar un libro, y mientras elaboraba mi plan para hacerlo, tenía una fe absoluta en que sucedería; porque tu Alma nunca te miente.

En momentos de duda o enfrentándome al rechazo, pedía al Universo una señal y la señal siempre aparecía; así es como tuve la confianza de que se manifestaría y, a pesar de que las probabilidades estaban en mi contra, dos editoriales me ofrecieron un contrato.

Cuando pienso en ese año y en cómo llegué hasta aquí, lo único que puedo hacer es sonreír como el Gato de Cheshire. Todo tenía sentido: todo rechazo tuvo un papel importante en mi camino hacia el contrato que sabía que me permitiría hacer grandes cosas en este mundo y llegar a las personas con un mensaje que, para mí, tiene tanta importancia: que todos tenemos la capacidad de cambiar nuestras vidas si así lo decidimos y que una parte importante de ello es aprender a elegir quién queremos ser, reprogramar nuestras mentes y escuchar a nuestros seres superiores, nuestras Almas.

Vale, pero ¿cómo conseguí silenciar el Ego para dar paso a mi intuición y poder aprender a confiar en ella? Es casi tan simple que me vas a odiar. Pero aun así hay mucha gente que no lo hace.

SILENCIAR EL RUIDO

La meditación ayuda a silenciar el Ego. Realmente tienes una oportunidad increíble de cultivar tu intuición con la soledad y el silencio, aunque sea durante cinco minutos al día. Este tiempo de silencio permite a tu mente hacer una limpieza de primavera para darle espacio a tu Alma y que se comunique contigo.

Si nunca has practicado la soledad de forma intencionada, esto puede resultarte un poco chocante. Cuando estás solo, te enfrentas a ti mismo –a todas tus partes– de una forma descarnada. A veces pueden surgir emociones inesperadas de tu interior. No te preocupes: esto forma parte del proceso de comprenderte a ti mismo y te permite reconocer mejor tu intuición.

Lo mejor de estar solo es que no hay nadie que te diga lo que tienes que hacer o quién tienes que ser. Estás solo contigo mismo y con tu propio poder de decisión. Y aunque se necesita paciencia y práctica para dejar que la mente se aquiete, también es increíblemente liberador.

He creado un ejercicio de meditación para sacar provecho de tu intuición y puedes acceder a él a través del enlace www.noorhibbert.com/book.

BAILAR EN ÉXTASIS

Nuestro estado más natural es el de la alegría y el amor. Cuando estás en este estado, estás más conectado con tu intuición y tienes una mayor capacidad para sentir que se está comunicando contigo. La mayoría de nosotros, seres humanos ridículos, somos totalmente ajenos a este «estado natural» porque estamos demasiado ocupados compadeciéndonos de nosotros mismos; tal vez porque fuera está lloviendo un poco o hay mucho tráfico o nuestro jefe es un imbécil. Nos dejamos atrapar por tonterías en lugar de absorber la excelencia pura que nos ofrece la vida.

Si nos tomáramos el tiempo de apreciar lo que tenemos delante, gritaríamos «¡Gracias!» a los cuatro vientos. Este sentimiento de gratitud total es nuestro estado natural. De hecho, es increíblemente fácil acceder a nuestro estado natural, pero como es tan sencillo, nosotros, que somos seres humanos tan complejos, no confiamos en él.

APRENDER A CONFIAR

Lo que pasa con la intuición es que nuestra mente y nuestro Ego, la mayoría de las veces, tratan de anularla. Intentan convencernos de que no la escuchemos. El razonamiento lógico, los aspectos prácticos y el realismo entran en acción y anulan lo que parece ser la guía «mística» que nos proporciona nuestra Alma.

Aprender a confiar en ella es difícil. Es como ese juego en el que tienes que dejarte caer hacia atrás y esperar que la persona que está detrás de ti no se haya olvidado de atraparte. A veces tu instinto te pide que inviertas en algo que parece imposible o que vayas a algún sitio que parece fuera de tu alcance o que hagas algo que, sinceramente, te da muchísimo miedo. Pero, una vez que empiezas a ver que las cosas suceden, desarrollas una seguridad y confianza en tu intuición en medio del caos de esa mente tuya excesivamente condicionada.

Digamos que estás a la caza de tu alma gemela. Acabas saliendo con alguien que, sobre el papel, cumple todos los requisitos. Es divertido, atractivo y amable, y parece tener una madre simpatiquísima que no te amargará la vida. Todas estas cosas son buenas sobre el papel, pero hay algo dentro de ti que te dice que no es la persona adecuada. Esa es tu intuición. Quizá acabes quedándote con esa persona durante un año (no hay nada malo en ello), pero durante el proceso puede ser útil anotar tu experiencia intuitiva en un diario, lo que has hecho con ella y adónde te ha llevado.

Si resulta ser un asesino en serie o desarrolla una inquietante afición a lamerte los dedos de los pies, solo tienes que anotarlo y agradecer a tu intuición que te lo haya hecho saber de antemano (a pesar de que la hayas ignorado durante un tiempo). Así lo sabrás para la próxima vez y a la larga te acabarás ahorrando un año de vida. Yo tenía una amiga que siempre conocía a hombres que parecían increíbles y que, sin embargo, extrañamente sentía siempre «banderas rojas» que asomaban en su interior. Aun así, eso no le impedía morder el anzuelo, y como resultado tuvo que soportar años de desengaños amorosos.

ACTÚA BASÁNDOTE EN TU INTUICIÓN

Con el tiempo, acabarás queriendo actuar según tu intuición a diferencia de mi querida amiga, que soportó una década de estar con las personas incorrectas. Ya lo haces a nivel subconsciente con pequeñas cosas (comes cuando tienes hambre y duermes cuando estás cansado), pero, cuando se trata de intuiciones más grandes, puede que haga falta un poco de fe para dar un paso al frente y actuar siguiendo una corazonada.

Empieza poco a poco. Si estás en un restaurante nuevo y echas un vistazo al menú, elige lo primero que te parezca delicioso. Si estás corriendo por el parque y sientes que puedes dar una vuelta más, ¡hazlo! Esto es entrenar la mente, el cuerpo y el espíritu para confiar en lo que surge de forma natural. A medida que te sientas más cómodo confiando en tu instinto, podrás empezar a usar tu intuición para tomar decisiones más importantes, como:

- Cambiar de carrera.
- Formar una familia.
- Invertir en un curso o un mentor.
- Decir adiós a relaciones tóxicas.
- Arreglar relaciones rotas.

Pero ten en cuenta que, a pesar de actuar según tu instinto, el miedo seguirá mostrando su cara más aterradora. El miedo siempre está presente cuando haces algo grande y nuevo, pero cuando venga e intente impedirte hacer algo grande, da un paso atrás, sé testigo de ello y declara verbalmente que decides no prestarle atención.

INTUICIÓN Y *DHARMA* (TU PROPÓSITO)

El camino más fácil para llegar a tu propósito es seguir aquello que te ilumina. Piensa en lo que te emociona, en lo que te hace sentir vivo. ¿Libros? ¿Comida? ¿Viajes? ¿Ayudar a los demás? ¿Ser creativo? Dondequiera que estén tus placeres, allí está tu propósito. ¡Descubre esas cosas que te llenan de alegría y tu propósito te encontrará a ti! Tu Alma habla a través de tus emociones, así que escúchalas.

No tengas miedo de mirar hacia dentro y preguntar a tu intuición: ¿cuál es mi propósito? ¿Cómo puedo ayudar al mundo? ¿En qué puedo serle de utilidad al mundo? Tu sabiduría interior (tu Alma) te orientará; solo tienes que escuchar y estar atento. Una vez que hayas preguntado y estés en sintonía con UniversoFM, empezarás a ver pistas, pero tú solo confía en tu instinto. El Universo comenzará a empujarte en la dirección correcta con creatividad o ideas que yo llamo «descargas divinas». Es literalmente como descargar la información correcta que necesitas directamente del Universo. Estas ideas te llevarán a donde necesitas ir o te ayudarán a descubrir cuáles son tus talentos y habilidades únicos y cómo puedes utilizarlos para resultar útil. A veces nuestros talentos únicos no nos hacen los más ricos en cuanto al dinero, pero pueden hacernos sentir los más felices y realizados.

También tienes que estar dispuesto a desprenderte de lo que solías ser para convertirte en lo que podrías ser. Cuanto más abarrotada esté tu vida de cosas, personas y acontecimientos que ya no te sirven, menos espacio tendrás para dejar que el Universo aparezca con las cosas que realmente sirven a tu verdadero propósito. Si estás tan ocupado viviendo una vida que no te hace brillar, es esencial que te tomes un tiempo para desprenderte de esas rutinas. Toma todos los días la decisión consciente de desprenderte de algo que no sea esencial para que tu vida se abra a recibir, recargarse y alinearse más con tu verdadero propósito. Por eso es esencial acallar el ruido y practicar la meditación.

Crear un «espacio en blanco» en tu día a día es otro factor importante y algo con lo que todos lidiamos. El «no hacer nada» es un alimento para nuestra Alma (nota: ¡ver Netflix no cuenta como no hacer nada!). La calidad de ese «no hacer nada» es importante. Y disfrutar de la naturaleza es una de las mejores formas de ir incorporando poco a poco esos ratos de «no hacer nada» a tu día a día para atraer más «esencia» a tu vida. Esto te dará la poderosa oportunidad de alinearte con los ciclos de la naturaleza y la energía del Universo y conectar con tu propio ser. Después de todo, somos seres humanos, no actividades humanas.

SEÑALIZACIÓN ESPIRITUAL

Si dudas de tu intuición, siempre puedes pedir una señal al Universo. Las señales son de dos tipos: las que tú pides y las sincronicidades. Las sincronicidades, o «coincidencias felices», se producen cuando el Universo utiliza señales para mostrarte que estás en el camino correcto, aquel que está alineado con tu propósito. Siempre estamos siendo guiados hacia el siguiente paso, solo tenemos que seguir las luces que nos guían para confirmar que vamos en la dirección correcta.

Quiero compartir una historia de cuando di a luz a mi tercera hija. Para empezar diré que sé que cuando necesito una señal, esta aparece. Desde hace un año, mi señal ha sido una mariposa. Si necesito reafirmarme sobre algo, lo pido y aparece, pero debo hacer una advertencia: es posible que la señal no aparezca tal como la imaginas.

Caminaba por mi cocina embarazada de treinta y siete semanas y sentía que mis contracciones de Braxton Hicks se disparaban. Siempre he sufrido falsas contracciones, tanto que, con mi segunda hija, mis médicos estaban convencidos de que el parto se estaba adelantando, así que en esa ocasión no me alarmé demasiado. Pero había una vocecita en mi interior que me decía: «Ya está aquí, te vas a poner de parto».

Le había dicho en broma a mi marido que cuando lo estuviera tenía que estar segura porque sus padres iban a ir a una boda y necesitaba que no bebieran demasiado por si tenían que hacer de canguros. Así que me planté en la cocina y dije en voz alta: «Universo, haz lo tuyo. Si esta noche me pongo de parto, muéstrame una mariposa».

Llevé la ensalada que había preparado a la mesa, donde mi marido y mis hijas me esperaban. Mientras servía la ensalada, un trocito de cebolla roja (parecía morada) salió volando del cuenco. Al ir a recogerlo para volver a ponerlo en su sitio, mi hija de tres años exclamó: «¡Mamá, no me quites la mariposa!».

Ya había aprendido antes que las señales no tienen por qué ser tan literales y también sabía que el Universo es bastante presuntuoso. Se me erizaron los pelos cuando mi Alma se comunicó conmigo y miré a mi marido. «Mierda –le dije–, creo que me voy a poner de parto».

Cinco minutos después de comer, me levanté, fui al salón y, como si estuviera perfectamente orquestado, sentí que rompía aguas. «¡Joder! Así que es cierto, me cubres las espaldas».

Aquella noche di la bienvenida al mundo a mi tercera hija en ese mismo parto que había manifestado. Quería un parto en casa. Quería que fuera de noche para que mis hijos pudieran dormir. Quería que mi suegra estuviera allí. Quería que fuera tranquilo y rápido. Lo tuve todo. Pedí una señal y esta apareció.

A veces las señales vienen en formas diferentes. Pueden venir en forma de números que aparecen una y otra vez, o de animales que se aparecen una y otra vez (sí, ¡los animales espirituales existen!). Si escuchas con atención y mantienes los ojos bien abiertos, te darás cuenta de que el Universo siempre se está comunicando contigo.

PUNTOS FUNDAMENTALES

- Tu intuición es la forma en que el Universo se comunica con tu Alma.
- Necesitas silenciar el Ego para poder escuchar lo que dice el Alma.
- Debes practicar la confianza antes de poder confiar.
- Crea un «espacio en blanco» en tu día para que puedas conectar con tu Alma y volver a ella.
- Si se lo pides, el Universo siempre encontrará una manera de comunicarse contigo.

DOCUMENTA TUS DESCARGAS DIVINAS

Lleva un diario de intuiciones o escribe notas en tu teléfono. Registra las sensaciones y experiencias intuitivas similares que tengas de un día para otro y de una semana para otra. Pon a prueba tu intuición haciéndote preguntas y viendo qué te parecen las distintas opciones y qué ideas surgen de ellas.

Al cabo de uno o dos meses, repasa tus experiencias intuitivas y comprueba si hay algún patrón. Así te conocerás mejor y comprenderás cómo aparece la intuición en tu vida cotidiana. Siempre habrá distracciones en el camino, pero tu instinto te ofrece ideas que no encontrarás en ningún otro sitio, y merece la pena cultivarlo.

ONCE

SER AGRADECIDO ES DE GUAPOS

La gratitud es la forma más rápida de sintonizar UniversoFM y da paso a la curación, a que ocurran milagros y a que se manifiesten tus deseos.

Hemos hecho un trabajo muy serio juntos y espero que sientas que has despertado un nuevo sentido de ti mismo y de las posibilidades. Me gustaría que te tomaras un momento para celebrar el hecho de que has llegado hasta aquí, hasta este momento. Quiero que estés agradecido por haber aprovechado esta oportunidad de crecimiento.

Mientras reflexionaba sobre mi propio viaje de desarrollo personal, me he dado cuenta de que todo empezó con mi madre. Ella se unió a una empresa de *network marketing* y, de repente, estaba colgando planes de objetivos en su pared, comprando decenas de libros, caminando por ahí con una disposición inusualmente alegre y siempre tratando de vendernos productos de aloe vera. Para ser sinceros, pensamos que se había unido a una secta, ya que asistía a reuniones semanales e intentaba reclutar a miembros ingenuos de la familia para que la acompañaran. Pero parecía muy contenta y, aunque pensábamos que le habían lavado el cerebro, no paraba de hablar del Universo y de la energía. Claramente, había algo en todo aquello que me atraía a un nivel subconsciente.

Una vez, al final de una visita a la casa de mi madre en Surrey, cogí una caja de CD de Jim Rohn (Rohn, 1994), que estaba en su estantería junto a una impresionante variedad de libros de autoayuda, para tener algo que escuchar durante mi viaje de tres horas de vuelta a Yorkshire. Este fue el comienzo de un nuevo capítulo: el *network marketing* me salvó la vida, ¡y lo mejor es que nunca tuve que vender ni un solo producto de aloe vera! Un audiolibro me llevó a comprender que en la vida hay mucho más de lo que jamás había creído. Y por ello le estaré eternamente agradecida.

SER AGRADECIDO

Ser agradecido es algo que podemos hacer todos: no nos cuesta nada, es sencillo de ejecutar y lleva poco tiempo. Este capítulo te hará comprender que la gratitud es una de las maneras más poderosas de cambiar tu energía y atraer lo que quieres a tu vida. La gratitud es la forma más rápida de sintonizar UniversoFM y da paso a la curación, a que ocurran milagros y a que se manifiesten tus deseos.

La verdad es que a todos nos vendría bien ser más agradecidos. Todos estamos tan afectados por el síndrome de «¿Y ahora qué?» que nos olvidamos de parar y dar las gracias por lo que tenemos ante nuestros ojos. En realidad, es uno de los juegos favoritos del Ego: el juego de «No has conseguido lo que querías». De hecho, el Ego te convence de que necesitas el coche, la casa, el ascenso, el dinero antes de que puedas ser feliz o estar agradecido.

Pues bien, yo estoy aquí para aguarle la fiesta al Ego y decirte que, si empiezas a dar gracias obsesivamente por lo que tienes ahora mismo, todas esas cosas que deseas te llegarán con una facilidad cien veces mayor. La frecuencia de la gratitud es la frecuencia del amor, y el Universo es un romántico empedernido. La gratitud está muy infrautilizada en nuestro mundo actual, en el que estamos más obsesionados por avanzar que por tomarnos el tiempo de disfrutar de donde estamos y de lo que tenemos ahora mismo.

Entonces, ¿cómo podemos dar las gracias obsesivamente cada día? Pues bien, coge un trozo de papel y haz una lista de todas las cosas ridículamente maravillosas que tienes. Y quiero que profundices en ello. Por ahora, olvídate de las cosas materiales y piensa en lo que tienes de verdad. Si estás leyendo este libro, voy a suponer que estás vivo y puedes respirar. ¿Cuántas veces te tomas un momento para dar gracias por poder respirar?

Lo primero que tienes que hacer es tomar una buena bocanada de aire, que realmente llene tus pulmones. Hazlo ahora mismo. Ahora expulsa el aire y di: «Estoy agradecido». Hazlo todos los días.

Si estás leyendo este libro, tómate un momento para dar gracias por tus ojos. Si estás escuchando este libro, da gracias por tus oídos. Te sugeriría que pasaras la lengua por el libro para agradecer tu capacidad gustativa, pero creo que eso sería ir demasiado lejos.

La cuestión es que en realidad nos han dotado de cosas increíbles, cosas que los humanos damos por sentadas con demasiada frecuencia. ¿Cuántas veces te tomas un momento para dar las gracias por la comida que tienes en el plato, por el agua limpia que bebes y con la que te duchas cada día, o por las personas que hay en tu vida? Yo incluso he empezado a agradecer mis facturas. Hay personas en este mundo que darían su brazo derecho por la factura del agua, por no tener que caminar veinticinco kilómetros para conseguir un cubo de agua insalubre. Cuando adopté una actitud de gratitud por estar en una posición en la que podía permitirme esos lujos, mi perspectiva cambió radicalmente.

No quiero ponerme en plan pesimista contigo. Quiero que empieces a darte cuenta de la increíble vida que tienes delante de ti porque, cuando lo hagas, crearás mucho más de aquello que deseas. El escritor espiritual Eckhart Tolle habla de la necesidad que tenemos de estar totalmente presentes en el momento y apreciar cada instante con alegría absoluta, pues lo único que tenemos es este preciso instante y lo que tenemos en este preciso instante es todo lo que tenemos ahora mismo.

Seamos realistas: ¿con qué frecuencia le dices a tu pareja, a tus hijos, a tus padres o a tus amigos que estás agradecido de tenerlos? Mostrar un agradecimiento sincero puede ayudar a enriquecer las relaciones más que cualquier otra cosa. Resulta bastante chocante cuando pregunto a algunos de mis clientes cuándo fue la última vez que compartieron con su pareja el aprecio que sienten por ella. Muchas veces la respuesta es: «No me acuerdo». Puede que se quejen de que sus parejas no les aprecian o les den por sentados, pero no se han percatado de que no actúan como esperan que les traten. ¡La gratitud es una vía de doble sentido!

PRACTICAR LA GRATITUD

Yo siempre prescribo un mes de agradecimiento. Les digo a mis clientes que escriban una lista de treinta cosas por las que están agradecidos a sus parejas. Las diez primeras son fáciles; las diez siguientes requieren un poco de tiempo; las diez últimas exigen una reflexión profunda. Escribe cada una de ellas en un pósit amarillo y, cada día durante un mes, déjaselo a tu pareja en algún lugar para que lo vea: en un espejo, en su almohada, en su escritorio. No esperes nada a cambio. Observa cómo se produce la magia.

Además de practicar la gratitud por todas las cosas buenas que tienes, también debes entrenarte para practicar la gratitud en momentos en los que la vida te asfixia. Sí, has leído bien: tienes que ser agradecido no solo cuando las cosas van bien, sino también cuando no van tan bien. Porque, cuando estás agradecido, transformas tu energía para comprender que «esto debe de estar ocurriendo por un bien mayor». Cuando las cosas te parezcan difíciles, desafiantes o incluso devastadoras, no dejes de repetirte: «Estoy agradecido, estoy agradecido, estoy agradecido». El miedo y la ansiedad no pueden coexistir con el agradecimiento.

Además, empezar el día anunciando que das las gracias por tener un día absolutamente increíble te hará empezar con buen pie. Yo lo llamo «marinar tu día». Del mismo modo que dejo marinar la comida, me gusta marinar el día. Me gusta mojar mi día en una salsa especial de gratitud para asegurarme de que sale exactamente como a mí me gusta. Cuando anuncias al Universo cómo quieres que sea tu día, allanas el camino para que todo salga tal como lo deseas.

Y si añades las palabras especiales, «Estoy tan agradecido de que hoy haya ocurrido algo increíble», tu vibra pasará de desear algo a afirmar que ya está aquí. Si te fijas en las palabras, verás que expresas tu gratitud como si las cosas buenas ya hubieran sucedido. Cuando anuncias tu gratitud de esta manera, hay un poder especial detrás que dice: «Ya está hecho». Adaptando las palabras de Stevie Wonder: *Signed, sealed, delivered, it's yours* («Firmado, sellado, entregado; es tuyo»). El poder es una fuerza de energía que habla al Universo.

Esa energía es la fe.

«RELÁJATE, MUJER»

Retrocedamos hasta el otoño de 2007. Me dirigía a una pequeña cabaña en una playa de Jamaica, cagada de miedo por la idea de hacer submarinismo. El hombre nos saludó a mí y a mi novio de entonces y nos dijo que tenía plazas disponibles para una excursión. Al minuto siguiente nos llevaron a un pequeño barco que ni siquiera parecía lo bastante seguro para estar en la arena, y mucho menos para navegar en el agua. Miré a mi novio totalmente aterrorizada, deseando que hubiéramos optado por ahogarnos en daiquiris de ron en el bar de la piscina, que era de lo más seguro.

¿En qué me había metido?

Antes de que me diera cuenta, habíamos subido al barco junto a un tipo jamaicano que, todavía hoy, sigo convencida de que iba muy fumado. Al parecer, era él quien nos iba a enseñar a bucear. No se me había ocurrido pensar que no habíamos firmado ningún papel sobre seguridad y que no habíamos recibido formación. Al cabo de un minuto estábamos en mitad del océano.

Nunca había tenido tanto miedo. El instructor, sin embargo,

estaba superrelajado. No paraba de decir «Relájate, mujer» con su marcado acento jamaicano mientras hacía una demostración inquietantemente rápida de lo que debíamos hacer mientras me colocaba el equipo de buceo. Pero yo no podía relajarme. Estaba convencida de que había llegado mi hora. Me sumergiría en el mar del Caribe para no volver jamás. Me preparé mientras bajaba con una cuerda al agua y me indicaba que descendiera al lecho marino.

«Relájate, mujer».

Nuestro instructor debió de repetirlo un millón de veces, pero mi corazón latía con tanta fuerza que me resultaba casi imposible asimilar eso de «respira por la nariz».

La buena noticia es, por supuesto, que estoy aquí para contarlo. La mala noticia es que casi me muero, pues mi botella estuvo a punto de quedarse a cero por culpa de mi respiración acelerada e inducida por la ansiedad al toparme cara a cara con una mantarraya. Veía a mi novio haciendo movimientos bruscos con los brazos para que me calmara, pero lo único que yo quería hacer era darle un puñetazo por haber sugerido esta ridícula expedición en primer lugar. Ni que decir tiene que desde entonces no he vuelto a intentar bucear y que esa relación terminó.

Así pues, ¿qué tienen que ver realmente las experiencias aterradoras y cercanas a la muerte del submarinismo con la manifestación o el éxito? Bien, necesitas aprender a relajarte, como decía el instructor, y tener fe en el resultado. Para poder lograr algo en el mundo físico, es necesario renunciar a tu apego por ello. Tienes que levantar los brazos y rendirte a que el Universo haga lo suyo. Esto no significa que renuncies a la intención de realizar tu deseo. Pero sí que renuncias a tu apego al resultado. ¿Por qué? Porque sabes en el fondo de tu Alma que el Universo lo hará posible.

Así que, aunque hubiera deseado sobrevivir a aquella experiencia de buceo, estaba tan apegada al resultado que me era imposible relajarme. El instructor de submarinismo, por el contrario, estaba la mar de tranquilo, y ahora comprendo que debía de ser un tipo jodidamente espiritual.

Me hizo pensar en la cantidad de veces en mi vida que había vivido en el futuro, preguntándome si lograría el resultado que quería. ¿Querría el novio con el que llevaba saliendo una semana casarse conmigo? ¿Me haría millonaria el negocio que acababa de montar? ¿Lograría tener abdominales con ese nuevo tratamiento corporal que prometía reducir una talla en diez minutos? La cuestión es que, al vivir siempre en el futuro y en un estado de «¿Por qué todavía no ha sucedido X o Y?», nuestra energía en torno al tema se contamina. ¿En qué aspectos de tu vida estás tan apegado al resultado?

¡Levanta los brazos como si no te importara!

RENDIRSE AL UNIVERSO

Una de las cosas que solía echarme para atrás respecto al concepto de «rendirse al Universo» es su relación con la fijación de objetivos. El peligro de caer en la trampa de «¿Dónde está mi...?» es que, cada vez que cambias tus pensamientos por la ausencia de lo que deseas, es como dejar caer una enorme roca delante del camino del Universo; ralentiza el proceso de manifestación. Tal vez te estés preguntando, como lo hice yo una vez, ¿qué sentido tiene tener un deseo si luego tenemos que desprendernos de él? ¿Acaso no es una contradicción?

Bueno, ocurre algo increíblemente poderoso cuando levantas las manos y actúas como si no te importara: demuestra que tienes fe. Sigues teniendo la intención de alcanzar un objetivo, pero entiendes que, entre donde estás ahora y donde quieres llegar a estar, hay infinitas posibilidades sobre cómo podría suceder. El «cómo» no es asunto tuyo; eso es trabajo del Universo.

Al combinar la intención con la entrega de forma simultánea, consigues lo que deseas. Lo que estás haciendo es tener en cuenta la magia de la incertidumbre, lo que significa que estás abierto a que el viaje cambie en cualquier momento si encuentras una forma mejor de alcanzar tu objetivo. Asimismo, si estás abierto a que ocurra lo desconocido, renuncias a tu necesidad de forzar una solución y te mantienes abierto a las infinitas oportunidades que se te presentan. Sé que todo este control de la mente puede resultar confuso, pero todo se reduce a la fe.

Si tienes una fe inquebrantable en que algo más grande y mucho más poderoso que tú está aquí para apoyarte, sabrás que el resultado va a ser el que deseas. No necesitas preguntar continuamente dónde está o si va a funcionar. Si estamos demasiado apegados a un resultado, es por culpa de la palabra que menos me gusta: miedo. Esta inseguridad surge porque la fe no está presente.

Cuando sabes que dentro de ti tienes la capacidad de crear lo que quieras, puedes aceptar la incertidumbre del viaje con confianza. Esto te ayudará a manifestar más rápidamente, pues esta incertidumbre permite que fluyan las diferentes opciones. Para hacer realidad tus sueños, tienes que jugar a largo plazo. Si hay algo que merece la pena, hay que tener la paciencia necesaria para conseguirlo.

Recuerdo haber escrito que quería dar una charla TEDx. Planeé que sería en dieciocho meses, durante los cuales me prepararía haciendo algunas charlas menores y haciendo *showreels*. Mi deseo estaba ahí, pero no me obsesionaba. ¡Dos semanas después recibí una llamada inesperada pidiéndome que diera una charla TEDx en cuarenta y ocho horas! No tenía nada planeado y me dio mucho miedo, pero este es un ejemplo increíble de que las cosas suceden espontáneamente gracias a estar desvinculado del resultado.

Como puedes ver, el Universo tiene la inteligencia de orquestar los acontecimientos para que se produzca el resultado deseado. Pero cuando te apegas a ese resultado, tu propósito se encierra en una mentalidad rígida y pierdes la fluidez, la creatividad y la espontaneidad que están incorporadas en el campo de posibilidades del Universo.

El desapego también acelera por diez el proceso de manifestación, como puedes ver en el ejemplo de la charla que acabo de contar. Cuando encarnas la noción de rendirse y tienes fe en ella, no necesitas forzar las soluciones. Cada vez que te preguntes dónde o por qué no te ha sucedido algo, levanta las manos, muévelas y sácalo todo. Una vez que abrazas la incertidumbre como a un amor perdido y la adoras con la certeza plena de que el resultado se acabará manifestando, aquello que dé sus frutos te asombrará por completo.

La incertidumbre significa adentrarse con elegancia en lo desconocido en cada momento de nuestra vida. Hay veces en las que se siente como si te subieras a una montaña rusa completamente nueva. Te subes al asiento, observas cómo te sujetan los arneses de seguridad y esperas con impaciencia la velocidad del viaje. A medida que la montaña rusa se pone en marcha, te entran el miedo y la angustia, y hay veces que te preguntas por qué narices has optado por este loco subidón de adrenalina, pero sabes que el viaje tiene un final. Entonces, al bajar te ríes de la cuestionable foto que te han hecho y recuerdas lo bien que te lo has pasado.

Cuando aceptas la incertidumbre, buscas la emoción, la diversión, la aventura y el misterio de todas las posibilidades que pueden ocurrir, aunque eso dé miedo. Cuando experimentas la incertidumbre, estás en el buen camino, así que no renuncies a ella. Aunque tengas objetivos y hayas trazado un plan para alcanzarlos, no necesitas tener una idea concreta de lo que vas a hacer la semana que viene o el año siguiente. En última instancia, esta conciencia de que podría suceder cualquier cosa te prepara para el momento presente: a esto se le llama disposición.

DISPOSICIÓN

Cuando nos centramos solamente en el pasado o en el futuro en lugar de en el presente, nos impedimos estar en el aquí y el ahora. Estar presentes es la única forma de alcanzar la conciencia y nos libera de quedarnos bloqueados en comportamientos pasados.

Esta disposición al momento presente significa que es más probable que aproveches una oportunidad que se te pueda presentar. Al practicar el arte de estar dispuesto a afrontar la incertidumbre de cualquier problema, obtienes la certeza de que también existe la posibilidad de que surja algo mejor.

Piensa en el dicho «No hay mal que por bien no venga». Si tu relación está fallando, elige verlo como una oportunidad para arreglarla o para encontrar a otra persona que se adapte mejor a ti. Si te van a despedir, míralo como la oportunidad que has estado esperando para emprender el negocio de tus sueños o para conseguir un nuevo puesto que esté mejor pagado.

Una vez que adoptas esta mentalidad, se abre todo un abanico de posibilidades que mantiene vivos el misterio, el asombro, la emoción y la aventura, incluso cuando parece que la vida es un caos. Puedes permanecer alerta a las oportunidades basándote en la sabiduría de la incertidumbre. Cuando tu disposición se encuentra con la oportunidad, es un mix perfecto para el éxito porque tienes la confianza de que surgirá una solución que aportará un mayor beneficio a tu vida.

Algunas personas llaman a esto tener buena suerte; yo digo que es el Universo cubriéndote las espaldas. La buena suerte no es otra cosa que la perfecta unión entre la disposición y la oportunidad.

PUNTOS FUNDAMENTALES

- La gratitud es algo que podemos hacer todos, que no cuesta nada y que lleva poco tiempo. La gratitud es la frecuencia del amor.
- Practicar la gratitud te permite practicar el aprecio por el momento presente y por lo que tienes ahora mismo, en lugar de quedarte atrapado en el síndrome del «¿Y ahora qué?».
- Marina cada día con gratitud y actúa como si las cosas ya hubiesen sucedido.
- Rendirse al Universo y desapegarse del resultado te ayuda a manifestar tus deseos más rápidamente.
- No tengas miedo a lo desconocido. Cuando abrazas la incertidumbre, abrazas la aventura de las posibilidades infinitas.

SÉ AGRADECIDO CON LA GRATITUD

Ten un diario de la gratitud y escribe cada día cinco cosas por las que te sientas agradecido. Conviértelo en un ritual cotidiano que te permita aprovechar el momento presente. Trata de pensar en cosas poco evidentes que te permitan llevar tu gratitud a un nivel más profundo.

Ponte como meta estar siempre atento a las cosas buenas, ya que esto te cambiará la vida y te hará más feliz.

DOCE

EL PODER DE TU CÍRCULO

Deja de aceptar críticas constructivas de personas que nunca han construido nada.

Hablemos de las personas. Me he dado cuenta de que, por muy introvertido o extrovertido o cualquier otro tipo de «vertido» que seas, los seres humanos anhelamos la conexión con otros seres humanos. Pero elegir con quién pasamos nuestro valioso tiempo es de extrema importancia.

ENCAJAR

La jerarquía de necesidades de Maslow es una teoría basada en un modelo de cinco niveles de necesidades humanas, a menudo representadas como niveles dentro de una pirámide. Las necesidades situadas en la parte más baja de la pirámide se han de atender antes de abordar las necesidades de la parte más alta. Empezando por la base, las necesidades son: fisiológicas, de seguridad, de amor y pertenencia, de estima y, en la cúspide, de autorrealización. La autorrealización es la realización plena del potencial creativo, intelectual o social propio, o lo que yo defino como la comprensión que tienes de tu capacidad para ser más y hacer más. En esencia, te das cuenta de que ha llegado el momento de hacer «algo grande».

Toda persona es capaz y tiene el deseo de ascender en la jerarquía hasta alcanzar el nivel de autorrealización. Por desgracia, a veces el viaje se ve interrumpido por el fracaso a la hora de satisfacer las necesidades de los niveles inferiores. Así que, en pocas palabras, si no tienes comida o techo, te resultará muy difícil salir y llevar a cabo «algo grande» en el mundo.

Pero ahora quiero hablar de la tercera necesidad, que es la

necesidad social de ser amado y pertenecer a algo. Para evitar problemas como la depresión y la ansiedad, es importante que las personas se sientan queridas y aceptadas por los demás. Pero lo que debemos tener en cuenta es si estamos cubriendo esta necesidad de manera que también nos ayude a alcanzar el éxito. ¿Estás eligiendo el grupo de personas adecuado al que pertenecer para ayudarte a alcanzar todo tu potencial?

Siempre recordaré un periodo de cuatro años de mi adolescencia en el que intentaba averiguar cuál era mi identidad y dónde quería encajar. Creo que el momento decisivo para mí fue cuando decidí que debía hacerme gótica porque mis amigas lo eran. Nos paseábamos por Camden comprando gargantillas decoradas con clavos, sudaderas holgadas de Nirvana y *eyeliner* negro. La fase «gótica» vino después de la fase de «piratas fucsia y pendientes de aro enormes». La verdad es que me habría puesto bolsas de basura si eso era lo que todo el mundo hacía.

Tenía mucho miedo a destacar, a ser diferente o a no sentirme aceptada. También admito que, a medida que avanzamos en la adolescencia, esta es una época de exploración y eso está muy bien. Pero, para mí, tenía más que ver con la conformidad y el deseo de formar parte del grupo. Esto fue en aumento a medida que crecía, de modo que pasé de llevar ropa que encajaba con la de los demás a consumir drogas que encajaban con las de los demás. Los estudios han demostrado una y otra vez el gran efecto que tienen nuestros iguales en nuestras vidas. Si no tenemos cuidado, la necesidad de pertenecer puede llevarnos por callejones muy oscuros.

Antes de convertirme en empresaria, trabajaba en un departamento de ventas. Cada día pasaba horas desplazándome entre las casas de los clientes y, después de desarrollar una aversión a escuchar las mismas canciones de siempre en la radio, me sumergí en el mundo de los audiolibros.

Me obsesioné de forma descarada con el empresario y orador motivacional estadounidense Jim Rohn. Me pasaba horas escuchándole sentada en mi coche. Nunca habría imaginado que pasar tanto tiempo con una persona muerta me aportaría tanta satisfacción. Fue una de las primeras veces que empecé a creer de verdad que tenía el poder de cambiar mi vida. Una de las cosas que se me quedó grabada es la idea de que somos la suma de las cinco personas con las que más tiempo pasamos. Solo somos bolas de energía conectadas entre sí, así que tiene todo el sentido del mundo que la energía de las personas más cercanas a nosotros (no necesariamente desde un punto de vista espacial) pueda tener un impacto y una influencia profundos en cómo nos sentimos y en cómo llevamos nuestra vida. Por ejemplo, si estás rodeado de personas que engañan a sus parejas y creen que no hay problema en hacerlo, lo más probable es que te dejes influir por ellas y hagas lo mismo. Si pasas tiempo con personas que beben todos los fines de semana, lo más probable es que tú también lo hagas. Formar parte de un grupo equivocado puede tener efectos a largo plazo en tu felicidad y tu éxito.

La naturaleza humana nos lleva a querer encajar y que nos acepten, por lo que todos nos conformamos, subconscientemente, con lo que nos parece la opción más segura. Lo hacemos para sentir que pertenecemos al grupo, incluso si los que nos rodean se comportan de un modo que no favorece a nuestro éxito. A pesar de que todos tenemos la capacidad de pensar por nosotros mismos, es posible que, inconscientemente, sigamos el sistema y las reglas de quienes nos acompañan.

LA HISTORIA DE LA PEQUEÑA GOLONDRINA

Una vez leí una historia sobre una golondrina que se tapaba el ojo con un ala. Un búho pasó volando y le preguntó qué le pasaba. La golondrina movió el ala y reveló una herida donde antes había estado su ojo. El búho asintió y dijo: «Ah, ya entiendo, lloras porque un cuervo te ha sacado el ojo de un picotazo». «No –respondió la golondrina–,

lloro porque lo he permitido». Esta breve pero profunda fábula esconde una moraleja de la que debemos ser conscientes: las personas más cercanas a nosotros nos afectan en nuestro estado mental, emocional y espiritual.

Sí, necesitamos ser queridos y sentirnos parte de algo, pero es igualmente importante asegurarnos de que las personas que tenemos a nuestro alrededor tienen un efecto positivo en nosotros y no están picoteando nuestra visión, como hizo el cuervo con la pequeña golondrina. Aquellos que nos rodean a diario deberían inspirarnos a ser una mejor versión de nosotros mismos y deberían apoyarnos y aceptarnos cuando nos mostramos tal como somos en realidad. La verdad es que, subconscientemente, podrías estar haciéndote pequeño y avanzando a duras penas para no sentir que los más cercanos a ti te repudian. La gran pregunta es: ¿estás dejando que otros te roben los sueños?

ELEGIR UN NUEVO GRUPO

Hazte las siguientes preguntas: ¿las personas que te rodean van a apoyar tu viaje? ¿Las personas que te rodean pasan más tiempo quejándose y cotilleando o motivando e inspirando? ¿Las personas que te rodean sacan lo mejor de ti? Cada persona emite una vibra que te llena de energía o te agota. ¿Alguna vez has estado cerca de alguien y has dicho: «No me transmite una buena sensación» o «Me transmite muy buen rollo»? Estas son exactamente las vibraciones de las que estoy hablando.

Emanamos nuestras vibras de forma literal, y los demás pueden sentirlas y también puede hacerlo el Universo. No puedes cambiar la forma en que la gente quiere llevar su propia vida, pero puedes limitar el efecto que tienen sobre ti cuando este no es positivo. Me gustaría que te empoderaras al saber que puedes elegir un nuevo grupo. Jim Rohn fue la primera persona que elegí en mi grupo. Sí, los muertos también cuentan. Me pasaba los días escuchándole durante horas, dejando que me inspirara por encima de los lamentos de mis compañeros de trabajo y los dramas de mis conocidos. Si no puedes encontrar un grupo físico, invierte en conseguir un nuevo grupo a través de los audiolibros o conociendo a gente por internet para hacer crecer tu red de contactos.

A medida que crezcas y te desarrolles, puede que empieces a reconocer que algunas personas de tu entorno parecen diferentes. A medida que cambias, la gente que te rodea también puede hacerlo. A veces de manera positiva y a veces de manera no tan positiva. A medida que emprendes el viaje para convertirte en la mejor versión de ti mismo, empiezas a brillar por dentro y tu luz se hace más intensa. Por mucho que pueda inspirar a las personas, también puede revelar las imperfecciones de los demás. Si las personas que te rodean te apoyan en este nuevo capítulo de tu vida, entonces es algo maravilloso y puede inspirarles a emprender sus propios cambios. Si las personas empiezan a ignorarte y a alejarse de ti, ellos se lo pierden. Y Dios no quiera que a la gente no le guste lo que estás haciendo o intente detenerte: en ese caso, respira hondo y continúa tercamente con tu camino. Al final, nunca debes bajar el volumen de tu ambición porque a otros no les guste el ruido.

También resulta poderoso dejar marchar a las personas que aportan demasiado dramatismo a tu vida, aunque te importen. Esta es, a menudo, la decisión más difícil. Yo tuve una relación con alguien a quien quería de verdad, pero sacaba lo peor de mí. No era culpa suya, pero siempre sentía cierta tensión al intentar ajustarme a la personalidad que él esperaba de mí. Mi intuición me decía constantemente que él no era el adecuado, pero mi Ego me repetía que no habría nadie mejor. Pasaba de ser totalmente feliz con él a caer en estados de ansiedad terribles, de pasármelo lo mejor posible a enzarzarme en horribles discusiones animadas por el alcohol. Mi Alma estaba en constante conflicto con mi Ego y me causaba una confusión interior.

Si es el miedo lo que te retiene en una relación, es hora de que ejercites el amor propio. Tu relación sentimental desempeña un papel muy significativo en tu vida y es un miembro tan importante de tu grupo que debes elegirla con mucho cuidado. Es la persona que más va a influir en ti y en tu éxito.

Asimismo, elige sabiamente con quién compartes tus sueños. ¿Alguna vez le has contado a alguien tus grandes planes y su primera reacción ha sido echarlos por tierra o decirte inmediatamente todos los riesgos que conllevan? Si esas personas no están haciendo su propio trabajo de desarrollo personal, entonces proyectarán de forma subconsciente todos sus miedos en ti porque, cuando salgas y hagas cosas enormes con tu vida, les hará verse y sentirse peor.

También es de vital importancia que, cuando te aventures a hacer algo nuevo, elijas cuidadosamente por quién te dejas aconsejar. A menudo pedimos consejo a personas que no están cualificadas para darnos una respuesta, lo que nos coloca en una situación de enorme desventaja.

LA HISTORIA DE CARA

Cara llevaba años deseando desesperadamente poner en marcha un negocio que le diera libertad y le permitiera no tener un horario laboral estricto. Pero cada vez que decidía invertir en un *coach* empresarial, su marido le decía: «Puedes hacerlo sola y ahorrarte la pasta. Los *coaches* son una pérdida de dinero». Como Cara no sabía cómo moverse, siempre se rendía. La ironía estaba en que el marido de Cara no era empresario y nunca había invertido en sí mismo ni en un *coach*, pero ella quería a su marido y le importaba su opinión. Él no lo hacía con mala intención y, en el fondo, trataba de proteger a su mujer para que no cometiera un error. Sus intenciones eran buenas, pero ahogaban sus sueños.

De hecho, los que más nos quieren suelen ser los más «perjudiciales» para nuestros sueños. Sus consejos, a menudo equivocados, nacen de un lugar de protección alimentado por nuestro viejo amigo: el miedo.
Cara pospuso su sueño durante muchos años hasta que finalmente decidió hacerlo. ¿Y adivina qué? Cara es ahora la orgullosa propietaria de un exitoso negocio de seis cifras. El precio de un mal consejo puede hacer que tu Alma se arruine. Si Cara nunca hubiera dado el salto, seguiría viviendo una vida carente de realización y libertad.

La lección aquí es que, sea cual sea tu objetivo, tienes que encontrar a gente que ya haya hecho ese «algo grande». Busca testimonios de personas que hayan conseguido lo que tú quieres y úsalos como brújula e inspiración. Llena tu círculo de gente inspiradora.

EL ATAJO HACIA EL ÉXITO

Yo no quería una vida fácil, yo no quería una vida cómoda; yo quería una vida increíble. Así que me movía y averiguaba cómo habían creado sus vidas las personas que me inspiraban. Leí sobre millonarios, hice cursos con expertos e invertí en mejorar mi mentalidad. Me fijé en los hábitos de las personas de éxito y empecé a copiar lo que hacían. Así es como te aseguras de que tu nueva identidad conduce al éxito.

Cuando empecé mi negocio de productos físicos, no busqué información en Google, sino que fui directamente a las personas que facturaban millones al mes en sus negocios *online* y aprendí de ellas. Cuando empecé mi negocio de *coaching*, quería aprender de los *coaches* que estaban alcanzando los ingresos que yo deseaba y que tenían un impacto en el mundo en consonancia con mis deseos. Fui e invertí en aprender con ellos porque la mentoría es el verdadero atajo hacia el éxito.

Si quieres perder peso y mejorar tu salud, consigue un entrenador personal. Si quieres ser un gran orador, invierte en clases de oratoria. Si quieres un nuevo negocio, invierte en un *coach* empresarial que haya sabido montar un negocio parecido al que tienes en mente. Te garantizo que hay alguien que hace lo que tú quieres hacer: tan solo tienes que encontrarlo. Cuando encuentras a alguien que ha logrado lo que tú quieres, puedes estar seguro de que se puede hacer. Solo tienes que emprender las mismas acciones. Deja de aceptar críticas constructivas de personas que nunca han construido nada. No aceptes consejos ni escuches a personas que no están haciendo lo que tú quieres hacer. Ve directamente a la fuente.

Todos somos seres humanos. A veces ponemos a las personas que admiramos en un pedestal y pensamos que son superhumanas. Si hay alguien que te inspira, acércate a él y hazle las preguntas que le quieres hacer. Dile: «Mira, me has inspirado mucho. ¿Cómo puedo conseguir que seas mi mentor o que trabajes conmigo?».

No tengas miedo de invertir en lo que realmente quieres. Este es el secreto de todas las personas de éxito que he conocido.

INSPIRA, NO DES ÓRDENES

Si eres lo suficientemente sabio como para poner en práctica lo que enseño en este libro, vas a empezar a ver cambios y es inevitable que quieras que los que te rodean comiencen a hacer lo mismo. Puede que te encuentres diciéndoles a otras personas –quizá a tu pareja, a tus padres o a tus amigos– lo que tienen que hacer. Pero lucha contra ese impulso, porque inspirar a las personas es cien veces más poderoso que dar órdenes a los demás.

Tengo clientes que siempre me dicen que sus parejas no entienden lo que es el desarrollo personal y les resulta frustrante que no mediten con ellos, hagan afirmaciones o escriban objetivos. La cruda realidad es que las personas solo cambian si así lo quieren. Solo pueden cambiar si están preparadas para el cambio. No te pongas en plan evangelista con ellos o acabarás convirtiéndote en un mosquito predicador, y los mosquitos molestan y dan mucho por saco. Mantente en tu propio camino.

LA HISTORIA DE JOANNA

Joanna se embarcó en este viaje: montó su propio negocio y empezó a ganar más dinero, a tomarse unas preciosas vacaciones, sus relaciones mejoraron y la gente empezó a fijarse en ella. Sin embargo, hubo algunas personas en la vida de Joanna que se distanciaron de ella, y la mayoría eran amigos que seguían en sus antiguos trabajos, infelices por no sentirse realizados. En vez de inspirarlos, su éxito puso de manifiesto que no estaban dispuestos a cambiar de vida y por eso se alejaron de ella.

Nosotros no podemos hacer nada ante situaciones como esta. Debemos aceptar y perdonar a esas personas y esperar que vuelvan a nosotros a su debido tiempo, con sus propias vidas nuevas. Pero debes saber esto: por cada persona que no puede soportar el brillo de tu vida, atraes a alguien que te celebra, te abraza y te anima a lo largo de tu viaje. Vas a descubrir que atraes sin esfuerzo a nuevas personas increíbles a tu vida. A veces, por desgracia, eso implica tener que decir adiós a otras.

SER FELIZ NO ES TENER SIEMPRE LA RAZÓN

Tal como he comentado anteriormente en el libro, tus palabras tienen el poder de afectar a tu energía, así que haz que tu misión sea también ser consciente de cómo hablas de los demás. Cuando hablas negativamente de ellos, estás emitiendo una energía negativa. Cuando te pones a la defensiva, juegas a culparlos o te niegas a aceptar el momento, tu vida se resiste.

Cada vez que te enfrentes a una situación o a una persona difícil, recuerda: «Este momento es tal como debe ser». Convertirse en la mejor versión de tu yo espiritual significa renunciar a la necesidad de convencer o persuadir a los demás de tu punto de vista. Querer tener siempre la razón es el juego del Ego. Si empiezas a mirar a tu alrededor, te darás cuenta de que la gente que te rodea pasa demasiado tiempo defendiendo su punto de vista y eso supone una gran pérdida de energía. Yo prefiero ser feliz que tener razón, y cuando no le seguimos el juego a esa necesidad del Ego aprovechamos una enorme cantidad de energía que podemos utilizar para mejorar nuestra vida.

¿Recuerdas que en el capítulo 7 hablé de ti como un generador de energía? Piensa en las veces que te has preocupado por los dramas de otra persona o has reproducido una conversación que no salió bien, te has obsesionado por el dinero, por un ascenso, por un mensaje de un ex o por una experiencia horrible que ocurrió hace un año. Pues bien, cada vez que te obsesionas de forma negativa con alguien del trabajo o con una expareja y con cómo te rompió el corazón, te desprendes de uno de tus cables y permites que ellos te chupen toda la energía.

Estás regalando tu poder a otros porque, en ese momento, bajas tu vibra y entregas el poder de cambiar tu vida. Recuérdate a ti mismo que tienes el control total sobre a quién y a qué le das tus cables de energía. Algunos te dejarán seco y te acabarán agotando, y otros te llenarán y te generarán aún más.

Elige pasar tiempo con personas que te llenen, personas con las que realmente puedas ser tú mismo. Ellos son tu círculo.

Elige a personas que te hagan reír. La risa produce energía. Acuérdate de cuidar tus relaciones, porque si no se cuidan, mueren, igual que las plantas. Tómate tu tiempo para elegir un grupo que te haga mejorar y comprométete a mostrar a esas personas la gratitud que sientes por ellas.

PUNTOS FUNDAMENTALES

- Tu necesidad de encajar puede anular tu grandeza porque puede hacer que te quedes cerca de personas que frenan tu crecimiento.
- Rodéate de personas que te inspiren. No es necesario que estén vivas o presentes físicamente.
- A medida que crezcas en tu vida, es posible que superes a las personas que te rodean, y eso está bien.
- No des órdenes a las personas que te rodean para que cambien; inspíralas cambiando y haciendo brillar tu luz.
- Reserva tu energía para cosas importantes: ser feliz es más importante que la voluntad de tu Ego de tener siempre razón.

CORTA ESOS CABLES

Si alguna vez te encuentras agotado mental o emocionalmente por alguien en tu vida, entonces es hora de liberarte de esa carga mental y cortar el cable de energía. A veces es fácil deshacerse de una persona de nuestras vidas físicamente, pero dedicamos tanto tiempo a pensar en ella que sigue siendo agotador para nosotros. Otras no podemos porque son miembros cercanos de la familia, pero aun así quieres deshacerte del efecto desenergizante que tienen sobre ti. De esto trata el ejercicio de este capítulo: reclamar tu poder sobre tus propios cables de energía.

Lo primero que tienes que hacer es pensar en las personas que te agotan en tu vida. Tienes que trabajar con una persona en cada momento. La primera forma de recalibrar tu energía es perdonar a las personas por cualquier cosa que hayan hecho. Cuando elegimos perdonar en lugar de guardar rencor, liberamos de nuestro cuerpo la energía estancada que detiene el flujo de la magia.

Hazte con un diario y escríbeles una carta de perdón. Deja ir la ira, el dolor, el resentimiento y disfruta sabiendo que han entrado en tu vida para enseñarte a ti a ser mejor persona. Ellos son tu lección.

Una vez que les hayas perdonado, dirígete a www.noorhibbert.com/book y escucha la meditación sobre cortar el cable que te ayudará a separarte energéticamente de ellos.

TRECE

NO LO DIGAS, ¡HAZLO!

Como en el lanzamiento de un cohete o cuando ruedas como una croqueta, tienes que ponerte en marcha antes de que el miedo te disuada de hacerlo.

Una noche, después de demasiados *proseccos*, tuve una epifanía. Todo el mundo, pensé, tiene el deseo de cambiar su vida de alguna manera y, sin embargo, la mayoría de las personas pasa gran parte de su tiempo esperando a que ese cambio ocurra por arte de magia. Una de las mayores excusas que escucho una y otra vez es «Estoy esperando el momento adecuado», que en el fondo significa «Tengo miedo».

Esto me hizo pensar que cuando me emborracho no tengo miedo; de hecho, la mayoría de las personas tiende a hacer lo que les da la gana cuando están en estado de embriaguez. Mis inhibiciones disminuyen y muy a menudo, lamentablemente, me convierto en la lianta de turno. A la mañana siguiente, no solo tengo resaca, también tengo miedo. Del tipo: «Mierda, ¿qué he hecho?». Creo que el momento culminante para mí fue cuando, en mi banquete de boda, decidí tirarme al suelo y rodar de lado como una croqueta con el vestido de novia puesto. Te lo puedo asegurar: no acabó bien.

Por muy ridículo que fuera mi comportamiento, podemos sacar una lección. Todos tenemos que ir un poco borrachos por la vida y rodar descaradamente como salchichas hacia nuestros sueños. Muchas personas hablan de las cosas que quieren hacer, pero se detienen antes de llevar a cabo el incómodo trabajo de hacerlas realidad.

Pero ¿cómo podemos acabar con nuestros objetivos como un ninja sin piedad? En primer lugar, tenemos que dejar de preocuparnos colectivamente por ser perfectos y hacerlo todo bien. Yo no me planteé cómo rodar sin estropear mi vestido caro. En vez de eso, me tiré al suelo y giré sobre mí misma. No había plan B. Estaba absolutamente decidida a hacer ejercicio el día de mi boda.

Tener la capacidad de actuar sin pensar demasiado es uno de los ingredientes para lograr el éxito en todos los ámbitos de tu vida. Como en el lanzamiento de un cohete o cuando ruedas como una croqueta, tienes que ponerte en marcha antes de que el miedo te disuada de hacerlo. Un cohete no empieza a despegar para luego parar en seco y preguntarse si debe continuar despegando. Simplemente despega..., sean cuales sean las consecuencias. Cuando se te ocurre una idea o se te manifiesta un deseo, tienes que pasar a la acción, y rápido. Porque si no lo haces, tu cerebro empieza a inventar un millón de razones por las que no deberías hacerlo.

¿Por qué? Porque, como ya deberías saber, tu cerebro está diseñado para mantenerte seguro y cómodo.

Una vez que despegas, adquieres esa increíble sensación de impulso. Y el impulso es generativo: crea más impulso. La primera ley del movimiento de Newton afirma que los objetos en reposo tienden a permanecer en reposo, mientras que los objetos en movimiento tienden a mantenerse en movimiento. Así que la clave está en moverse, por difícil que pueda resultar al principio. Si logras ganar tracción, conseguirás que la fuerza del impulso trabaje a tu favor desde el principio. Después, todo lo que tienes que hacer es dejarte llevar por la corriente.

PASA A LA ACCIÓN... ¡YA!

Cuando empiezas a coger impulso y te das cuenta de que eres el capitán de tu barco y que eres tú quien lleva el timón, puede dar miedo. Te vas a encontrar con situaciones que te pondrán a prueba. Es inevitable, pues los retos son los que crean el crecimiento.

Al enfrentarse a una situación nueva, nuestro cerebro actúa como Google. Cuando se presenta una situación nueva, es como si tu cerebro tecleara la actividad nueva y realizara una búsqueda de información relevante. Y si se trata de una situación totalmente nueva, como crear un nuevo negocio o iniciar una nueva relación, nuestro cerebro no tiene datos para ello. Así que tu cerebro solo percibe el riesgo, ya que no tiene datos relevantes para darte una dirección clara. Tu cerebro se pondrá en contacto con tu sistema nervioso, que empezará a decirte que te mantengas alejado haciéndote sentir miedo. O recurrirá a datos de experiencias pasadas que no tienen nada que ver con la actual e inducirá, subconscientemente, sentimientos negativos.

Es como uno de esos mensajes tan molestos de «Tienes un virus» que aparecen en la pantalla de nuestro ordenador y nos asustan. Tu vida extraordinaria depende de que actúes antes de que ese mensaje de peligro asome en tu pantalla mental. La verdad es que en todo lo nuevo existe lo desconocido, pero, como hemos comentado antes, adentrarse en lo desconocido y tener fe en que el Universo te va a cubrir las espaldas y es lo que te acabará acercando a tus deseos.

Además, si pierdes demasiado tiempo antes de pasar a la acción, tus sentimientos se enmarañan a la hora de tomar la decisión. Las investigaciones del neurocientífico portugués António Damásio han demostrado que el noventa y cinco por ciento de nuestras decisiones se toman en función de los sentimientos, no de los hechos. Según Damásio, los seres humanos sentimos primero y actuamos después, y no al revés. Esto explica por qué muchos de nosotros ni siquiera actuamos porque simplemente «no nos apetece». Así que, para contrarrestarlo, ¡actúa rápido!

LA HISTORIA DE BEN

Ben se quejaba continuamente de que nunca podía tomar las decisiones que harían crecer su negocio (para tu información, tomar decisiones, aunque no resulten acertadas, es uno de los rasgos de toda persona de éxito). Tenía la

costumbre de decir que solo necesitaba perfeccionar las cosas y que ahora no era el momento adecuado. Cuando le pregunté qué era exactamente lo que necesitaba perfeccionar, admitió que, de hecho, lo tenía todo listo, pero que le preocupaba hacerlo «de la manera equivocada». Inmediatamente antes de hacer algo que le parecía difícil, aterrador o incierto, dudaba. Ben era un procrastinador de primera categoría.

LA MALDICIÓN DE LAS DOS «P»

La procrastinación y el perfeccionismo son el beso de la muerte. No tienen nada que ver con la habilidad. La procrastinación es una forma de aliviar el estrés. Si sufres de procrastinación, entonces necesitas entender cuál es el estrés que estás evitando, y para la mayoría de la gente es el miedo al resultado. A Ben le expliqué que, cada vez que dudaba, la señal del virus parpadeaba en su pantalla mental para detenerle. Y zas, así volvía a pulsar el botón de aplazar sus planes. Su falta de acción era una especie de autoprotección; era como una pesada armadura que le mantenía a salvo, pero que también le ralentizaba de forma peligrosa. Al procrastinar evitamos el fracaso, y admitámoslo; fracasar da tanto miedo como pasar a la acción.

LA HISTORIA DE KATIE

Katie odiaba equivocarse. Cuando las cosas no salían como ella quería, se sumergía en una vorágine de emociones y sentía que no estaba a la altura. Peligrosamente, se etiquetó a sí misma como perfeccionista y lo declaraba con orgullo como si fuera algo bueno. No hay nada malo en querer mantener un nivel de excelencia en todo lo que haces, pero si había algo que escapaba al control de Katie, lo manifestaba en forma de ansiedad. Tenía tanto miedo a la incertidumbre que quería una garantía antes de probar algo nuevo. Quería pruebas de que, antes de coger el dardo y apuntar al tablero, daría en la diana y lo haría perfecto. Detestaba la sensación de malestar que le producía el fracaso debido a experiencias de cuando era más joven, así que lo evitaba como a la peste.

El perfeccionismo no es más que el miedo con unos Jimmy Choo puestos: puede parecer una bonita insignia de honor, pero, una vez que te has metido en el papel del perfeccionista, es capaz de frenarte en seco porque, aunque parezca bonito, duele. Nos saboteamos a nosotros mismos al no pasar a la acción y lo envolvemos en un bonito papel de excusas que lleva ese «Tengo que hacerlo perfecto» grabado por todas partes. La acción imperfecta es mucho más poderosa que la ausencia total de acción.

Las excusas que pones no dejarán de ser válidas mañana, la semana que viene o dentro de seis meses. Si empiezas antes de estar preparado y renuncias a la necesidad de prepararte antes de actuar, te prometo que estás a una sola decisión de cambiar tu vida. Solo tienes que hacerlo... ¡ya!

TU ZONA DE CONFORT NO ES EMOCIONANTE

Debes abrazar el fracaso y no tener miedo a que te dé un puñetazo en la cara cada día. Debes fortalecer los músculos del fracaso para que, cada vez que las cosas no salgan exactamente como habías planeado, puedas defenderte. Cuando le tienes miedo al fracaso, estás en tu punto más débil. Un golpe suyo te derribará si no te haces amigo de él. Pero si te levantas y vuelves al *ring*, al final te acabas volviendo más y más fuerte y el escozor del fracaso se disipará.

Así que te imploro que salgas y la cagues de forma trascendental todos los días, ya que eso será una prueba de lo mucho que te esfuerzas por alcanzar tus sueños. No temas el fracaso, teme estar exactamente en el mismo sitio dentro de cinco años. Después de subir al *ring* del fracaso las veces suficientes, lo abrazarás como a un viejo amigo y se acabarán los golpes, ya que una vez que te conviertes en su aliado dejas de luchar todo el tiempo contra él. Como en cualquier deporte, primero hay que empezar y luego seguir hasta ganar. Como ves, en tu zona de confort no hay nada por lo que merezca la pena quedarse.

Una vez me pidieron que hiciera un episodio piloto para un programa de televisión. Tengo que admitir que me dio un poco de asco la propuesta. Me pedían que fuera a llamar a la puerta de completos desconocidos a las ocho de la mañana de un sábado y les preguntara si querían montar un negocio mientras me grababan haciéndolo. En primer lugar, nunca había participado en un programa de televisión; en segundo lugar, no hay nada peor que una puerta fría delante de una cámara; y en tercer lugar, sentí que un gran sueño se estaba haciendo realidad y eso me ponía de los nervios. La presión era enorme.

Así que ¿qué hice? Bueno, primero me pregunté: «¿Por qué tengo miedo? ¿Cuál es la historia de mierda que me impide llamar a las puertas de la gente?». Enfréntate al miedo y racionalízalo. Necesitaba anular el ruido de mi cerebro que percibía el riesgo e inducía al miedo. También había, sin duda, un elemento de «¿Soy lo bastante buena?» y el miedo a que la gente me diera con la puerta en las narices mientras me insultaba. Pero cuando pensé en las recompensas comparadas con los riesgos, supe que había llegado el momento de verlo todo a través de los ojos de la mujer que tiene coraje. Necesitaba valentía. Necesitaba sentir el miedo y hacerlo sin importar las consecuencias.

En mi juventud bebía para tener coraje y eso me ayudaba a hacer lo que quería. Pues bien, a los treinta me despedí de ese mecanismo y me puse por primera vez las gafas del miedo. Una vez vi una película en la que un padre le da a su hijo unas gafas de sol en su primer día en un nuevo colegio y, para hacer que se sienta más seguro, le dice que le harán invisible: eso es lo que quiero decir con mis «gafas del miedo». También pasé la mañana haciendo *tapping* (véase el capítulo 5) para reducir mi ansiedad y a las ocho de la mañana ya estaba lista para conquistar el mundo.

Me acerqué a la primera puerta, respiré hondo para intentar contrarrestar los latidos de mi corazón y... 3, 2, 1..., toc, toc, toc. No había nadie. «Gracias a Dios», pensé. Pero lo había conseguido: mi puño había tocado la puerta. Puedo confirmar que a cada pequeño acto de valentía le sigue más valentía, y al final del día estaba llamando orgullosamente a las puertas con entusiasmo y emoción y hablando con completos desconocidos. Me alegra informar de que, a pesar de haber visto a muchos hombres de sesenta años con el torso desnudo, no recibí ningún insulto. *Hashtag*: ganadora.

El coraje es poderoso. Se alimenta de sí mismo, crece, se filtra a otras áreas de tu vida y te acerca a tu sueño extraordinario. ¿Qué es aquello que te ha dado miedo hacer y que sabes que te va a acercar a tus objetivos? Tu extraordinaria vida depende de que desconectes permanentemente el botón de aplazar la alarma, te quites los Jimmy Choo y abraces todo lo que la vida te ofrece, por mucho miedo que te dé. Recuerda que puedes ponerte esas gafas del miedo siempre que quieras y, si empiezas a decirme que no tienes, pues, bueno, yo te presto las mías.

LA NATURALEZA ES TAN SENCILLA COMO UNA MAÑANA DE DOMINGO

Si piensas en cómo funciona la naturaleza, verás que todo fluye y es sencillo. Los árboles no intentan crecer, simplemente crecen. Los pájaros no intentan volar, vuelan. Los peces no intentan nadar, nadan. Está en su naturaleza. Y yo estoy aquí para enseñarte que está en la naturaleza humana hacer que nuestros sueños se manifiesten de forma física, fácil y sin esfuerzo. A mí me gusta llamarlo hacer milagros.

Cuando salgas ahí fuera y empieces a arrasar en la vida y a ir a por tus objetivos, no olvides divertirte y recordarte a ti mismo que conseguir lo que quieres no tiene por qué ser difícil. De hecho, debería ser todo lo contrario; debería fluir como la naturaleza. El éxito llega con facilidad cuando seguimos el camino de menor resistencia. El camino de menor resistencia no tiene que ver con ponerse cómodo o evitar salir de la zona de confort. Significa escuchar a tu Alma y emprender la acción alineada hacia tus sueños.

Asegurarte de que hay diversión en todo lo que haces y que todas tus acciones están motivadas por el amor también sirve en tu búsqueda de esa vida increíble que se siente fácil. Vas a descubrir que puedes hacer menos para conseguir más. Esto no significa ser vago, sino hacer las cosas que te iluminan y te dan energía para obtener los resultados que deseas. Como te he dicho antes, el Universo es un romántico empedernido y la naturaleza está unida por la energía del amor.

Recuerda, el amor no es el modo por defecto del Ego. Prestar atención al Ego consume la mayor cantidad de energía posible y te acaba agotando, lo que te impide llegar a sentir ese nivel de felicidad que anhelas. Cuando tu punto de referencia interno es el Ego, cuando buscas el poder y el control sobre otras personas o buscas la aprobación de los demás, gastas energía de forma derrochadora. Pero si te mantienes en la vía de la alegría y te mantienes motivado por el amor, creas energía que luego puedes canalizar para dar forma a cualquier cosa que desees. Comprométete a seguir el camino de la no resistencia dedicándote a actividades y pensamientos que te aporten alegría. Si tu objetivo es perder peso y odias correr, entonces ese es el camino de mayor resistencia para adelgazar. Encuentra algo que te permita sintonizar con el canal de la alegría, quizá puedas apuntarte a una clase de baile, saltar en una cama elástica o ir a nadar, ya que esto te ayudará a alcanzar tus objetivos diez veces más rápido.

Si estás montando un negocio, busca tus talentos únicos y encuentra las cosas que te resultan fáciles y naturales. Mantente en ello, persevera. El camino de la alegría es donde tus sueños se manifiestan espontáneamente, sin fricciones ni esfuerzos. Di adiós a la comparación, vuélvete inmune a las críticas, abraza los retos y saca partido del poder del amor, de modo que puedas utilizar esa energía para crear todo lo que te dé la gana. Y, lo más importante, sé consciente de si tus pensamientos te están ayudando o entorpeciendo, y haz los ajustes necesarios en el momento.

PUNTOS FUNDAMENTALES

- El impulso será tu mejor amigo, así que sigue avanzando aunque solo des pequeños pasos.
- Los retos fomentan el crecimiento: no les tengas miedo, porque el verdadero crecimiento se produce fuera de tu zona de confort.
- Una acción imperfecta es mucho mejor que la ausencia total de acción.
- Abraza la idea del fracaso, no le temas, y disfruta del viaje incluso cuando dé miedo.
- Comprométete a seguir el camino de la no resistencia dedicándote a pensamientos y cosas que te hagan feliz.

HAZ CRECER TU CORAJE

En este último ejercicio quiero animarte a hacer algo que te haga sentir realmente incómodo.

Antes jugaba a un juego llamado «Hormigas muertas». Me gustaría poder decir que lo hacía de pequeña, pero en realidad era una veinteañera cuando me lo enseñaron por primera vez. Íbamos de un lado a otro y si alguien gritaba «¡Hormigas muertas!», todos teníamos que tirarnos al suelo de espaldas y agitar los brazos y las piernas en el aire. Era todo un espectáculo, y la primera vez que participabas te morías de la vergüenza. Pero, una vez en el suelo, te partías de risa de lo ridículo que era y te levantabas pensando: «No ha estado tan mal», y seguías tu alegre camino.

No está socialmente aceptado el hecho de tumbarse en medio de la calle como un bicho muerto, pero cada vez que participaba en una actividad que sobrepasaba los límites sociales «normales», mi coraje y mi confianza aumentaban.

Así que, en este ejercicio, es hora de calentar el músculo del fracaso y tener el valor de hacer algo que te asuste. ¿Qué has estado posponiendo? ¿Qué es lo que puedes hacer hoy para acercarte un paso más a tu sueño? ¿Qué puedes hacer que sea tonto, ridículo y vergonzoso? Supera tus límites. Túmbate en el suelo como una hormiga muerta si es necesario. Pídele una foto a alguien y súbelo a tus redes. ¡Mándalo todo a la mi*rda!

Qué demonios, ¡yo también lo voy a hacer! Sí, estoy contigo.

Pero, por el amor de Dios, haz algo de una vez: tu vida extraordinaria depende de ello.

EPÍLOGO

NAMASTÉ, CARIÑO

A medida que nos acercamos al final de nuestro viaje juntos, quiero que te plantees una gran pregunta... ¿Por qué? ¿Por qué deberías ponerte manos a la obra y hacer los ejercicios? ¿Por qué deberías dar un paso hacia tu grandeza e ir a por tus objetivos con ganas? Bueno, yo estoy aquí para preguntarte: ¿y por qué no?

¿Qué tienes que perder? ¿Por qué no ser el tú con el dinero que deseas, el cuerpo con el que sueñas, la relación que te ilumina? ¿Por qué no ahora? ¿A qué estás esperando? Actúa ahora.

No esperes a mañana para implementar los cambios en tu vida. No esperes a mañana para dejar el azúcar. No esperes a mañana para emprender. No esperes a mañana para apuntarte a clases de salsa en Brasil. Sea lo que sea lo que anhela tu corazón, ya es tuyo si sintonizas con la frecuencia del Universo y te mueves grácilmente hacia lo que quieres siguiendo un plan en el que puedas poner tu atención.

Y recuerda esto: nadie triunfa de la noche a la mañana. En psicología, existe un concepto llamado «privación relativa». Consiste en percibir que uno está peor que las personas con las que se compara. Tener esta sensación puede provocar esa resaca de comparación de la que hablaba en el capítulo 4. La mayoría de nosotros compara su presente con los veinte años de duro trabajo de otra persona. No hemos visto el trabajo ni los sacrificios que han hecho detrás de las cámaras. No tengas miedo a esforzarte porque, por muy tópico que suene, el éxito no es la última parada del camino. El éxito es la persona en la que te conviertes como resultado del viaje que emprendes. En quién te conviertes como resultado de dar un paso al frente y ser la mejor versión de ti mismo sin pedir disculpas a nadie es donde reside la magia.

Como he explicado antes en este libro, si miras a otra persona y eso te produce envidia, utilízalo de forma positiva. Utiliza esa envidia como un amable recordatorio del Universo de que deseas algo y que también está destinado a ti. Pero no te dejes engañar creyendo que puedes chasquear los dedos para conseguirlo, porque la mayoría de las personas de éxito con las que he hablado se han esforzado de todo corazón para conseguirlo (es necesario esforzarse mucho para seguir al corazón). Debes estar dispuesto a trabajar por tus sueños y aceptar que te va a resultar incómodo hacerlo. Pero merece mucho la pena.

Deja que el poder de tu mente y el poder del Universo creen tu vida ideal. Confía en que tienes todo lo que necesitas dentro de tu increíble imaginación para forjar una vida más allá de tus expectativas más salvajes. Comprométete a dejar atrás tus creencias limitantes, a abrirte camino a patadas como un ninja a través de tus miedos y a tomar el asiento del conductor. Deja de darle importancia a las pequeñas cosas de la vida que, simplemente, no importan. Guarda tus preocupaciones para lo mágico. El éxito es tu derecho absoluto de nacimiento. Recuerda guiar la vida a través de la lente del amor y esto potenciará tu Alma y hará que sintonices firmemente UniversoFM. Y si alguien te dice que no puedes hacer lo que quieres, hazlo dos veces y hazte un selfi.

Nuestro tiempo juntos y tu viaje de maravilla espiritual y transformación psicológica no terminan aquí. He creado algunas herramientas que te cambiarán la vida, ayudándote a mantenerte centrado y motivado para convertirte en la mejor versión de ti mismo. Puedes encontrarlas en www.noorhibbert.com/book.

La vida es la entrada para el mayor espectáculo del mundo. ¿Estás preparado para hacerme compañía en primera fila?

Noor

AGRADECIMIENTOS

Son muchas las personas maravillosas que me han ayudado a hacer realidad este libro.

Mi primer agradecimiento de corazón es para mi marido y mejor amigo, Richard, que me ha apoyado continuamente a lo largo de los años. Gracias por aguantar todas mis ideas locas, por ayudarme a creer en mí misma cuando tenía dudas y por ser el mejor padre para nuestras hijas, lo que me ha permitido hacer mi arte y construir mi negocio. Y por quererme y demostrarme que el amor puede ser así de real.

Gracias a mi increíble padre, que siempre ha sido una fuente de apoyo para mí y mi brújula moral en la vida. Estoy muy agradecida por todo lo que hemos aprendido en nuestra relación y por haber crecido juntos a lo largo de los años. He aprendido muchísimo sobre mí misma a través de ti y te doy las gracias por permitirme compartir mi aprendizaje en este libro.

A mi increíble agente literaria y amiga, Jessica Killingley, de la BKS Agency. El Universo conspiró para que nos juntáramos. No hay palabras para describir lo agradecida que te estoy por haber creído en mí. Sin ti no sé si este libro estaría aquí ahora. Y a James y Jason, que son los otros dos tercios de la agencia y me han apoyado con cariño para que este libro sea un éxito.

A mi encantador, amable y divertido editor, Jonathan, que me ha brindado el espacio necesario para compartir mi mensaje con el mundo y con mis propias palabras. Siempre es un placer verte. Y a Nicola y al resto del equipo de John Murray Learning por ayudarme a organizarlo todo. Ha sido un placer trabajar con vosotros.

Por último, a todas las mujeres increíbles que han sido mis clientas en los últimos años. Os doy las gracias a todas porque me habéis permitido formar parte de vuestros viajes y vuestras historias. Si no fuera por vosotras, no tendría este trabajo. De verdad, os deseo todo el éxito del mundo.

BIBLIOGRAFÍA

Brand, Rusell, *Recovery: Freedom from Our Addictions*, Bluebird, Londres, 2018. [Trad. esp.: *Recuperado*, Next Door Publishers, Pamplona, 2022, trad. de Eric Levit Mora].

Dyer, Wayne W., *The Power of Intention: Change the Way You Look at Things and the Things You Look at Will Change: Learning to Co-create Your World You Way*, Hay House, Londres, 2004. [Trad. esp.: *El poder de la intención. Aprende a usar tu intención para construir una vida plena y feliz*, Debolsillo, Barcelona, 2006, trad. de Flora Casas Vaca].

Gilbert, Elizabeth, *Big Magic: Creative Living Beyond Fear*, Bloomsbury, Londres, 2014. [Trad. esp.: *Libera tu magia. Una vida creativa más allá del miedo*, Aguilar, Barcelona, 2016, trad. de Laura Vidal Sanz].

Grout, Pam, *E-Squared*, Hay House, Londres, 2013. [Trad. esp.: *E al cuadrado. Potencia tu energía*, Booket, Barcelona, 2017, trad. de Gloria Padilla].

Hill, Napoleon, *Think and Grow Rich*, Mindpower Press, 2015, ed. revisada. [Trad. esp.: *Piense y hágase rico*, Vergara, Barcelona, 2021, ed. revisada, trad. de Alfonso Barguñó Viana].

Ravikant, Kamal, *Love Yourself Like Your Life Depends on It*, ebook, 2012. [Trad. esp.: *Ámate como si tu vida dependiera de ello*, HarperCollins, Madrid, 2020, trad. de Carmen Lydia Marquez Cruz].

Rimpoché, Sogyal, *The Tibetan Book of Living and Dying*, Rider, 2008. [Trad. esp.: *El libro tibetano de la vida y de la muerte*, Urano, Barcelona, 2023, trad. de Jorge Luis Musticles].

Rohn, Jim, *The Art of Exceptional Living*, audiobook, Nightingale Conant, 1994. [Trad. esp.: *El arte de la vida excepcional*, Sound Wisdom, 2022].

Rohn, Jim, *7 Strategies for Wealth and Happiness*, Prima Life, 1996. [Trad. esp.: *Siete estrategias para alcanzar riqueza y felicidad*, Máximo Potencial, 2017, trad. de Mireia Aragonés Riu].

ÍNDICE

MÁNDALO TODO A LA MI*RDA